AF269568

Compasión silenciosa

Richard Rohr, O. F. M.

COMPASIÓN SILENCIOSA

Encontrar a Dios en la contemplación

Traducción de
Bernardo Moreno Carrillo

Herder

Título original: Silent Compassion. Finding God
   in Contemplation
Diseño de cubierta: Stefano Vuga
Traducción: Bernardo Moreno Carrillo

© 2014, Franciscan Media, Cincinnati
© 2015, Herder Editorial S. L., Barcelona

ISBN: 978-84-254-2023-8

La reproducción total o parcial de esta obra sin el consentimiento expreso de los titulares del *Copyright* está prohibida al amparo de la legislación vigente.

Imprenta: Liberdúplex
Depósito legal: B-1026-2015
Printed in Spain - Impreso en España

Herder
www.herdereditorial.com

Índice

Diferentes religiones se reúnen para buscar una verdadera armonía

A mediados de mayo de 2013, un grupo de representantes de distintas religiones se presentó ante una considerable multitud en el vasto centro de convenciones Yum, situado en Louisville, Kentucky. Se trataba de una jornada especial al final del Festival of Faiths (Festival de Confesiones), un programa de actos organizados en dicha ciudad para fomentar el diálogo interreligioso y construir una comunidad respetuosa y unificada.

Se dieron cita allí musulmanes, hindúes, judíos, cristianos y budistas. El sacerdote franciscano católico Richard Rohr (O.F.M.), uno de los numerosos guías religiosos presentes, representó a la cristiandad. Por su parte, el budismo estuvo representado por el más famoso de sus exponentes, su santidad el Dalái Lama.

En cierto sentido, se puede considerar una venturosa coincidencia el que estas dos personas compartieran estrado en Louisville. Cincuenta años atrás, otro sacerdote católico (y trapense cisterciense), Thomas Merton, había viajado desde las inmediaciones de Getsemaní, Kentucky, hasta el sudeste asiático, recorriendo prácticamente todo el mundo, para asistir a un acto interconfesional. Unos días antes de su trágica muerte en un accidente, se le había visto paseando, en animada conversación, con el Dalái Lama, a la sazón en los inicios de su carrera.

Después de tantos años transcurridos, su santidad el Dalái Lama acudió a Louisville, como una etapa más de su gira por el mundo, no solamente para obtener apoyos para el pueblo oprimido del Tíbet, sino también para difundir su propio mensaje de paz, de misticismo, una mezcla de acción y contemplación enraizada en una vieja tradición que tan profundamente ha marcado su vida.

Por su parte, el padre Rohr —Richard Rohr para los miles de personas que buscan asesoramiento espiritual en sus múltiples charlas, libros y presentaciones por internet— ha dedicado prácticamente su vida a esto mismo, pero desde su propia tradición. Mediada la década de 1980, fundó en Albuquerque, Nuevo México, el Centro para la Acción y la Contemplación, una especie de laboratorio desde el cual, como saben miles de cristianos socialmente comprometidos, el activismo social puede resultar informado, purificado y mejorado a través de la antigua práctica de la contemplación.

Sus palabras encajan a la perfección en el contexto del diálogo interreligioso, pues, en efecto, Richard siempre ha sabido ver más allá del aquí y ahora, más allá de los muros que las distintas agrupaciones sociales suelen levantar alrededor de sí mismas.

Por supuesto, Richard sigue los pasos de su «padre Francisco», a quien todo el mundo conoce con el nombre de san Francisco de Asís. Como se sabe, Francisco recorrió todos los montes y valles de Italia central en la última parte del siglo XIII. Iba de ciudad en ciudad, unas veces predicando, otras dando simplemente ejemplo, en el marco de una cultura que nunca había visto nada —ni a nadie— semejante. Francisco estaba abierto a los signos de Dios en toda la Creación (es el santo de los actuales bebederos para aves), en la tierra, en los árboles, en las flores y en los animales, pero también en cada persona. El que se puede considerar el más famoso «pacifista» del mundo y de la historia, viajó incluso a Egipto con los cruzados para predicar la paz y la comprensión intercultural tanto a los cristianos como a los musulmanes. Un mensaje de paz cuyo eco todavía resuena en la actualidad.

Durante esos escasos pero intensos días de primavera reunidos en Louisville, los representantes de las principales religiones del mundo trataron de dar expresión y cauce a este mismo deseo. ¿Cómo podemos vivir juntos en verdadera armonía? ¿Cómo podemos aprender unos de otros? ¿Qué sabiduría se halla disponible para todos en cada una de las tradiciones?

A unas pocas manzanas del centro de convenciones, en la confluencia de la calle Fourth con la calle Walnut (actualmente bulevar Muhammad Ali), hay una placa de bronce destinada a inmortalizar el momento más importante de la vida de Thomas Merton, del que se nos habla en su libro *Conjectures of a Guilty Bystander*.[1] Allá por 1958, el padre Merton tuvo en dicha esquina una visión mística acerca de la unidad de la humanidad. Contemplando la multitud que bullía en el núcleo comercial de Louisville, se dio cuenta de que el misterio de Dios nos envuelve constantemente:

> De repente, me sentí convencido de que amaba a todas esas personas, de que eran mías y suyas, de que no podíamos ser extraños aunque no nos conociéramos de nada... ¡Cómo decirle a toda esa gente atareada que resplandece tanto como el sol!

El Festival de Confesiones de Louisville fue fruto de ese mismo espíritu, es decir, de la conciencia de que todos coincidimos en esto. Richard Rohr nos está ayudando a comprenderlo mejor.

John Feister
Director de la revista
St. Anthony Messenger

1. *Conjeturas de un espectador culpable,* Maliaño, Cantabria, Sal Terrae, 2011.

La tradición perenne[*]

La expresión «filosofía perenne» o «tradición perenne» se popularizó (y perdió popularidad) en la historia occidental y religiosa, pero conviene recordar que la Iglesia universal nunca la ha desechado. En muchos aspectos, fue reafirmada por el Concilio Vaticano II en sus «vanguardistas» documentos sobre el ecumenismo *(Unitatis Redintegratio)* y las religiones no cristianas *(Nostra Aetate)*. En estos se afirma que existen ciertos temas, verdades y nociones recurrentes en todas las religiones del mundo.

En *Nostra Aetate,* por ejemplo, los padres conciliares empiezan afirmando que:

> Todos los pueblos forman una comunidad, tienen un mismo origen [creados por un mismo Dios creador]..., y tienen también un fin último, que es Dios... La Iglesia católica no rechaza nada

[*] Extracto de: Richard Rohr, *Oneing. An Alternative Orthodoxy,* vol. 1, núm. 1, introducción.

de lo que en estas religiones hay de santo y verdadero.[2]

El documento prosigue ensalzando la religión nativa, el hinduismo, el judaísmo, el budismo y el islam, por cuanto «reflejan un destello de aquella Verdad que ilumina a todos los hombres».[3] Debemos reconocer el valor y la lucidez de que hicieron gala los padres conciliares al escribir esto en 1965, cuando muy pocas personas —de cualquier religión— pensaban de esa manera, por no decir que en la actualidad siguen siendo pocas las personas que piensan así.

Una temprana excepción fue el doctor de la Iglesia san Agustín (354-430), que escribió estas frases tan valientes:

> La realidad que ahora llamamos religión cristiana ha existido ya entre los antiguos; más aún, no ha faltado desde el comienzo de la humanidad, hasta que el mismo Cristo apareció en carne. A partir de ese momento, la verdadera religión ya existente comenzó a llamarse cristiana.[4]

2. *Nostra Aetate* (Declaración sobre las relaciones de la Iglesia con las religiones no cristianas), 1, 2.

3. *Ibid.*

4. Agustín de Hipona, *Retractactions,* 1:13.3 [trad. cast.: «Las retractaciones», en *Escritos varios,* vol. 2, Madrid, La Editorial Católica, 1988-1995].

Por su parte, san Clemente de Alejandría, Orígenes, san Basilio, san Gregorio de Nisa y san León el Grande, todos ellos compartieron una visión parecida mucho antes de que se adoptaran las posturas defensivas (¡y ofensivas!) del antisemitismo y de las Cruzadas. Se puede decir, pues, que hemos retrocedido en materia de historia religiosa, cuando deberíamos haber cuidado mejor el engranaje de la conciencia espiritual con el fin de movernos siempre hacia adelante.

El término «perenne» se emplea de manera parecida en el decreto conciliar sobre la formación sacerdotal *(Optatam Totius)*, donde se afirma que los seminaristas deberían «basarse en una filosofía que sea perennemente válida», decreto en que se alienta también a estudiar toda la historia de la filosofía y del «reciente progreso científico».[5] Sin duda, los autores pensaban sobre todo en la filosofía escolástica, aunque hay que decir, claramente, que dicho término, como lo empleamos aquí, es mucho más una afirmación teológica que filosófica. Tal es también la opinión de Aldous Huxley, y por eso habla de metafísica, psicología y ética al mismo tiempo:

1) la metafísica que reconoce una Realidad divina sustancial al mundo de las cosas, vidas y men-

5. *Optatam Totius* (Decreto sobre la formación sacerdotal), 15.

tes; 2) la psicología que encuentra en el alma algo parecido, o incluso idéntico, a la Realidad divina; 3) la ética que sitúa el fin último del hombre en el conocimiento del Fundamento inmanente y trascendente de todo ser. Esto es algo inmemorial y universal. Los rudimentos de la filosofía perenne pueden encontrarse en el acervo tradicional de los pueblos primitivos en cada región del mundo, ocupando, en sus formas plenamente desarrolladas, un lugar importante en cada una de las religiones más elevadas.[6]

Las divisiones, dicotomías y dualismos del mundo pueden superarse solamente mediante una consciencia unitiva a nivel personal, relacional, social, político y cultural en el marco del diálogo interreligioso y, particularmente, de la espiritualidad. He ahí la principal y fundamental tarea de toda sana religión (palabra que, por cierto, significa «religación»).

Como dijo Jesús en su oración suprema, «que todos sean uno» (Juan 17,21). O, como dice mi mística cristiana favorita, Juliana de Norwich (1342-1416), «sola no soy nada, pero en general ESTOY en la *oneing* [unión/unificación] del amor, pues es en esta unión/unifica-

6. Aldous Huxley, *The Perennial Philosophy,* Nueva York, Harper & Brothers, 1945, p. vii [trad. cast.: *La filosofía perenne. Una interpretación de los grandes místicos de Oriente y Occidente,* Barcelona, Labrador, 2008].

ción donde se encuentra la vida de todas las personas».[7]

Son muchos los profesores que han insistido en la idea fundamental, pero a menudo tan olvidada, de que *unidad no es lo mismo que uniformidad*. En efecto, la unidad es la reconciliación de las diferencias, las cuales deben mantenerse ¡y sin embargo superarse! Así, tenemos que distinguir las cosas y separarlas antes de poder unirlas espiritualmente, generalmente con gran esfuerzo o coste personal (Efesios 2,14-16). Si hubiéramos hecho esta distinción tan sencilla, probablemente muchos problemas (e identidades excesivamente recalcadas y separadas) se habrían movido a un nivel mucho más elevado de amor y servicio.

Pablo dejó muy claro en varias de sus epístolas este principio universal, por ejemplo cuando afirma:

Hay diversos dones, pero el Espíritu es el mismo. Hay diversas actividades, pero es el mismo Dios el que las produce todas en todos (1 Corintios 12,4-6).

Y enseña lo siguiente a su comunidad de Éfeso:

7. Juliana de Norwich, *The Showings of Divine Love* (Las revelaciones del Amor Divino), capítulo 9.

Un solo Señor, una sola fe, un solo bautismo. Un solo Dios y Padre de todos, el que está sobre todos, mediante todos actúa y está en todos. A cada uno de nosotros se le ha dado la gracia según la medida del don de Cristo. (Efesios 4,5-7)

Finalmente, para entender bien este principio conviene dirigir la mirada a la fuente fundamental del cristianismo: la doctrina de la Trinidad misma. Sí, Dios es uno, tal y como nos lo enseñaron nuestros ancestros judíos (Deuteronomio 6,4); sin embargo, en un nivel ulterior, más sutil, esta *unidad* es en realidad la radical unión amorosa entre las tres personas de la Trinidad, completamente distintas. El principio y problema básico de la unidad y la multiplicidad queda superado en la propia naturaleza de Dios. Dios es un misterio de *relación*, y la relación más verdadera que existe es el amor. Los tres no son uniformes sino distintos, ¡y sin embargo están completamente *unificados* en una efusión total!

Por cierto, la palabra *persona*, que actualmente designa a un ser humano individual, ya se empleó en la teología trinitaria griega de los inicios (*persona* significa «máscara de teatro» o «sonido a través de»), ¡y posteriormente se aplicó también a nosotros! Así, tampoco nosotros somos seres autónomos, sino sonidos «a través de», separados pero radicalmente unos, al igual que el Padre, el Hijo y el Espíritu Santo. Lo que esto implica podría exigir años y años de meditación. En realidad, nosotros estamos creados a «imagen y semejanza de Dios» (Génesis 1,26ss.) en mucha mayor medida de lo que podríamos imaginar. ¡La Trinidad es nuestro modelo universal para explicar la naturaleza de la realidad y nuestra propia unidad!

Como dijo nuestra querida y ya mencionada Juliana, «El amor de Dios crea en nosotros una *oneing* [unión/unificación] tal que cuando se ve realmente nadie puede separarse de la otra persona»;[8] o esto otro: «A la luz de Dios, todos los humanos están *unidos,* y una persona es todas las personas y todas las personas están en una sola persona».[9]

Esto no es un simple constructo de nuestro siglo XXI. No es panteísmo ni mero optimismo *New Age*. Es el verdadero quid de la cuestión; en efecto, se quiso anunciar una nueva era —que aún puede y debe conseguirse. Pero esto es la tradición perenne. Nuestra tarea no es descubrirla sino solamente recuperar lo que los místicos y santos de todas las religiones han descubierto —y disfrutado— una y otra vez.

Como dijo Juan, el discípulo amado, «No os escribo porque no conozcáis la verdad, sino porque la conocéis» (1 Juan 2,21).

8. *Ibid.,* capítulo 65.
9. *Ibid.,* capítulo 51.

1. Encontrar a Dios
en las profundidades del silencio[*]

Las personas interesadas en las cuestiones relacionadas con la paz y la justicia reconocerán sin duda que la comunicación, el uso de vocablos y las conversaciones han alcanzado un nivel muy bajo en nuestra sociedad actual. Creo que todos somos conscientes de ello, no solamente en el ámbito de la política, sino incluso en nuestras Iglesias. Personalmente, creo que la única manera de invertir esta tendencia es mediante una revalorización de esa cosa tan maravillosa, aunque en apariencia tan anodina, que se llama silencio.

Pero ¿cómo vender algo que es intrínsecamente invendible? ¿Cómo vender el silencio? ¿Cómo hacer atractivo algo que la gente equipara con el aire o con el vacío, en definitiva con algo que para la mente capitalista no puede re-

21

sultar atractivo de manera inmediata? Bueno, pues aquí lo vamos a intentar de todos modos.

El silencio no es solamente eso que rodea a las palabras y subyace a las imágenes y a los acontecimientos. Tiene vida propia. Es un fenómeno que casi posee una identidad física. Es una entidad autónoma con la que podemos relacionarnos. En el plano filosófico, la *esencia* es esa cualidad fundacional que precede a todos los demás atributos. Cuando nos relacionamos con el ser desnudo de una cosa, aprendemos a conocerla en su núcleo mismo. Se puede afirmar que el silencio anida, en cierto modo, en el fundamento mismo de toda realidad. Es eso de lo que procede todo ser y a lo que retornan todas las cosas (y si la palabra silencio no nos seduce del todo, podemos cambiarla por las palabras nada, vacío, vastedad, ausencia de forma, espacio abierto, etcétera).

Todos sabemos que toda cosa es una *creatio ex nihilo,* que por designio divino toda cosa procede de la nada. Solo si podemos descansar en la nada estaremos en condiciones de apreciar lo que es algo. Cuando «la» nada crea «el» algo, ¡a eso lo llamamos con el nombre de gracia!

Este silencio aparece ya descrito en los dos primeros versículos del libro del Génesis. La primera realidad se describe como un «vacío sin forma», un vacío silencioso sobre el que «planea» el Espíritu. El Espíritu es silencioso, pero también poderoso. La confluencia o conjunción de estos dos grandes silencios constituye el principio de nuestra creación, al menos en el relato judeocristiano.

El silencio precede, sustenta y funda todo. No podemos verlo solamente como un accidente o como algo innecesario. Si no aprendemos a vivir en él, a ir a él, a morar en este fenómeno diferente, el resto de las cosas —palabras, acontecimientos, relaciones, identidades— resultará bastante superficial y carente de profundidad o contexto. Perderá significado. Actualmente se tiene la impresión de que lo único que buscamos es una vida con más acontecimientos, más situaciones llenas de estímulos cada vez mayores, más excitación y más color, que aporten unos signos vitales a nuestra existencia intrínsecamente aburrida. Sin embargo, por irónico que parezca, son las cosas más simples y reducidas a su mínima expresión las que suelen darnos mayor felicidad —*siempre y cuando* las respetemos como tales—. El silencio es la esencia de lo simple, de lo reducido a su mínima expresión.

Dicha necesidad de una constante estimulación determina, mucho me temo, el carácter de los Estados Unidos y de la mayor parte de los países occidentales. Si somos sinceros, debemos reconocer los múltiples signos de deterioro cultural que se prodigan a nuestro alrededor. Parece como si todo tuviera que ser un poco más ruidoso, más brillante, más nuevo, más caro, más chic y, sobre todo, más rápido. Solamente entonces vendrán los estadounidenses. La frase de marras ya no es entonces «si lo construyes, vendrán» sino «vendrán si consigues que resulte atractivo». Al final, hemos acabado acostumbrándonos a esto. Aceptamos como normativo algo que los mismos emperadores romanos consideraban ya como un signo de decadencia: «Lo único que quiere el pueblo es pan y circo», decían. Actualmente cerramos escuelas y construimos grandes estadios que parecen catedrales.

Una de las experiencias más importantes de mi vida ha sido enseñar en varios países en vías de desarrollo. Allí descubrí que la mayor parte del planeta no vive como vivimos nosotros. ¡Pero lo más triste del caso es que quiere vivir como nosotros!

No deberíamos erigirnos en norma o meta alguna. La nuestra no es necesariamente una sociedad sana. No es necesariamente la mejor —ni la mayor— cultura, aunque sé que a los estadounidenses se los educa para opinar así. Es fácil opinar de esa manera si no se ha salido nunca de Estados Unidos. Sin duda tenemos en nuestra sociedad algunos aspectos maravillosos, pero también otros muy poco sanos, como es, por ejemplo, el no ver el silencio como algo atractivo, útil, necesario, importante o simplemente bueno. Así, acabaremos pareciéndonos a un caparazón con cada vez menos cosas dentro, sin profundidad (que es donde hay que buscar toda vitalidad).

Tenemos que intentar ver el silencio como una presencia viva en sí, primordial, prístina, y ver después todas las demás cosas —experimentadas ahora en profundidad— dentro de ese contenedor o continente. Más que una ausencia, el silencio pasa a ser entonces una *presencia*. El silencio rodea todo «lo que yo sé» con un «no sé» humilde y paciente. Protege la autonomía y dignidad de los acontecimientos, personas, animales y cosas.

Es preciso encontrar un camino para volver a ese lugar, para vivir en ese lugar, para morar en ese lugar de silencio interior. El silencio exterior significa muy poco si no existe un silencio interior más profundo. Todo aparece mucho más claro cuando aparece o emerge de un silencio anterior. Y cuando empleo la palabra *aparece* quiero decir que asume y cobra realidad, sustancia, importancia, significación. Si el silencio no rodea una cosa, que es en sí un misterio, nada tiene significado, o no tiene un significado perdurable. Será un simple acontecimiento más en esa secuencia de acontecimientos cada vez más rápidos que llamamos nuestra vida.

Sin silencio no experimentamos realmente nuestras experiencias. Los humanos tenemos muchas experiencias, pero estas carecen de poder para cambiarnos, despertarnos, darnos una alegría que el mundo no puede dar, esa alegría de la que habla Jesús.

Vivir en esa esencia o entidad primordial, fundacional, que yo llamo silencio crea una especie de resonancia empática con lo que es correcto, con lo que está bien. Sin ella, solamente reaccionamos. Somos, por así decir, frijoles saltarines que reaccionamos en vez de responder. Sin cierto grado de silencio nunca podremos vivir la vida, degustarla, al carecer de capacidad para disfrutar, apreciar o saborear el momento. *Lo contrario de la contemplación no es la acción, es la reacción.* Debemos esperar, buscar, la acción pura, la cual procede siempre de un silencio contemplativo.

El silencio no es ausencia de esencia, sino una manera especial de ser. No es una entidad distante, obtusa u oscura, solamente apta para ascetas. No. Seguro que todos hemos experimentado alguna vez lo que es un silencio profundo; pero ahora se trata de sentirlo, de liberarlo y hacer que se convierta en una luz dentro de nosotros. El silencio no lo oímos, claro está; sin embargo, es *eso merced a lo cual oímos*. Nosotros no captamos el silencio, es el silencio el que nos capta.

El silencio es una especie de pensamiento que no está pensando. Es una especie de pensamiento que está *viendo (contemplar* significa «ver»). El silencio, entonces, es una consciencia alternativa. Es una forma de inteligencia, de conocer más allá de la reacción corporal, de eso que solemos llamar con el nombre de emoción. Es una forma de conocer más allá del análisis mental, más allá de eso que solemos llamar con el nombre de pensamiento.

A los 7 años de edad casi todos hemos separado ya nuestro cuerpo y nuestra alma de nuestra mente, a la que solemos otorgar la mayor parte de nuestro crédito; una mente desconectada de nuestro cuerpo, de nuestra alma, que habita y crece más en el silencio.

Descartes no se equivocó al decir aquello de «pienso luego existo». En realidad, estaba describiendo con la máxima exactitud al hombre occidental. Nuestro pensamiento, siento mucho decirlo, es quienes creemos ser. Pero nosotros somos mucho más que nuestros pensamientos sobre las cosas.

A su nivel más elevado, todas las grandes religiones del mundo afirman que este modo tiránico de pensar tiene que relativizarse, que limitarse, si no queremos que se haga con el completo control a costa de nuestro ser primordial, con lo que las palabras acabarán significando cada vez menos, incluidas las propias. Esta es nuestra cultura posmoderna. Todos empleamos palabras para decir lo que queremos, para obtener lo que queremos. Es una especie de círculo incestuoso.

Consideremos un momento el carácter de los debates políticos de este país: armamento, atención sanitaria, guerras o cualquier otro tema de actualidad. Las palabras de los participantes en dichos debates significan cada vez menos en relación con la verdad objetiva. Esto es algo que todos hemos podido constatar. Es como un juego que todos estamos obligados a jugar. Con frecuencia, la única manera de salir de esto es guardando silencio, como Jesús ante Pilatos (Marcos 15,5; Juan 19,9).

El alma no utiliza palabras. Rodea las palabras de espacio. Eso es lo que yo quiero decir por silencio.

El ego, por su parte, emplea las palabras para conseguir lo que quiere. Cuando discutimos con nuestra pareja, con un amigo o un compañero, eso es lo que estamos haciendo. Echamos mano de las palabras que más poder nos confieren, que nos hacen parecer más cargados de razón, superiores, más inteligentes, convencidos de que así saldremos vencedores en la discusión. Todos lo hemos hecho o vivido. Es lo único que el ego sabe hacer. Pero, a ese nivel, las palabras son más bien inútiles, por no decir incluso hipócritas y destructivas.

Eso es lo que va a ocurrir inevitablemente cuando dejemos de valorar el silencio, cuando el silencio que envuelve las palabras ya no sea tan importante como —o más importante que— la elección de palabras.

El silencio es una especie de totalidad. Puede absorber a los contrarios. Puede absorber las paradojas y las contradicciones. Tal vez sea esta la razón por la que no nos gusta el silencio. En el verdadero silencio interior no hay nada que discutir, y ya sabemos que a la mente le gusta mucho discutir: nos brinda algo que hacer.

Nuestras interacciones conducen a menudo a la discusión, incluso dentro de la Iglesia; por ejemplo, sobre las formas de la oración en sí mismas, sobre la cuestión del lenguaje incluyente o del liderazgo masculino o femenino, cuestiones sin duda importantes. Más ejemplos: ¿me gusta este salmo o es demasiado violento?, ¿es este canto demasiado evangélico, católico o carismático? Siempre tiene que haber algún asunto a debatir, de lo contrario me siento casi un inútil. Una de las razones por las que la oración contemplativa, especialmente en grupo, es tan liberadora y tan apaciguadora es porque en ella no se puede tomar partido.

En resumen, al ego le gustan las cosas por las que se puede tomar partido, pero el verdadero silencio interior no permite tomar partido. Yo describo esta tendencia tan extendida con el nombre de pensamiento dualista, nada que ver con la contemplación como tal.

Quien viva en una cultura capitalista como la nuestra, en la que todo se reduce a competir, comparar y ganar, solamente puede ver el silencio como algo contrario a la buena lógica. ¿Cómo enseñar algo tan vacío, tan inocuo, tan generador de fracaso como el silencio? Respuesta: sabiendo que también ofrece una «paz que está por encima de todo juicio» (Filipenses 4,7) y una «alegría que nadie os quitará» (Juan 16,22).

Pero si los que están en la Iglesia se centran preferentemente en técnicas externas y fórmulas litúrgicas (por ejemplo, cómo deben plegar las manos los sacerdotes, qué palabras deben emplear o qué tipo de indumentaria llevar), el alma permanecerá básicamente orillada e inalterada. Un excesivo hincapié en la que yo llamo «oración social» u «oración verbosa» nos brindará muchas más posibilidades de discutir; pero esa es sin duda la razón por la que Jesús dio tanta importancia a la oración silenciosa «dentro del propio aposento» y no «ensartando palabras y palabras, como los gentiles» (Mateo 6,5-7).

Durante mis largos retiros cuaresmales, siempre he tenido la sensación de que, de hecho, el tiempo aumenta estando en silencio. Parece como si el tiempo «llegara a su plenitud», como dice el Nuevo Testamento, como si se trascendiera a sí mismo, pasando de su dimensión puramente cronológica, es decir del simple *chronos* al *kairós* o tiempo verdaderamente relevante, esto es, al tiempo en el que cada momento es todo lo perfecto que puede ser, en que todo es perfecto aquí, en este preciso momento, sin necesidad de nada más. Yo estoy más que bien. Estoy contento.

Si conseguimos ver el silencio como el fundamento y origen de todas las palabras, entonces descubriremos que, al hablar, nuestras palabras están mejor escogidas y son más apacibles.

Francisco de Asís nos dijo que empleáramos siempre palabras «bien escogidas y castas», que no predicáramos si no teníamos nada que decir, que no predicáramos simplemente por predicar. Cada predicación debía ser fruto de la contemplación y no de ideas vacuas (¡como muchas de las mías!)

Yo creo que cuando reconocemos algo como bello en nuestra vida es porque brota, en parte, del silencio que lo rodea. Tal vez sea esta la razón por la que guardamos silencio en las galerías de arte. Si algo no está rodeado de la vastedad del silencio y del espacio, resulta más difícil apreciar el lado singular y hermoso de las cosas. Cuando algo aparece mezclado con todo lo demás, deja de destacar su singularidad, su cualidad de objeto único y bello.

El silencio no debe entenderse como una simple ausencia de sonido audible o de ruido. Cuando el vacío —o lo que pueda parecer un espacio vacío o ausencia de sonido— se convierte en su propia plenitud con su propia voz dulce, podemos experimentar lo que quiero decir por silencio.

Como dijo el autor de un libro que leí hace muchos años, el silencio es como la red que hay debajo del funámbulo. Nosotros caminamos sobre la cuerda floja tratando de encontrar las palabras más adecuadas para explicar nuestra experiencia, pero el silencio es esa red de seguridad que nos permite caer, que dice y admite, al igual que los poetas, que ninguna palabra es siempre del todo correcta. Por eso el poeta está siempre intentándolo (¡algo que le agradecemos enormemente!). La gran espaciosidad y la red de seguridad que hay debajo de un funámbulo es el silencio. Lo libera de preocupaciones y del temor a cometer errores. El silencio me protege, ampara mis errores y me ofrece más espacio para corregirlos.

Existen dos tipos de silencio. Está el reparador silencio natural de la personalidad introvertida o la pausa en medio de una conversación. Pero también está el silencio espiritual, el silencio que no necesita llenarse de una risa nerviosa, de un chiste o del intento de aparentar ser simpáticos o demostrar que estamos bien informados, que «estamos en el ajo». El silencio espiritual exige una presencia profunda con uno mismo en el momento presente.

Si la vida es en gran medida palabras e ideas —pues es a eso a lo que la hemos reducido, especialmente tras el invento de la prensa escrita—, entonces la muerte —ese gran misterio por el que aún no hemos pasado— es silencio. Y entonces podríamos decir que la fe y el silencio son dos maneras de practicar para la muerte. ¿Quién soy yo antes —y después— de todas mis palabras, ideas y opiniones?

Empecé mi libro *Immortal Diamond* (Diamante inmortal) con los siguientes epígrafes:

Ken Wilber dice: «El hecho de que la vida y la muerte "no sean dos" es algo muy difícil de entender, no porque sea demasiado complicado, sino porque es demasiado sencillo».

Y he aquí otro epígrafe de Kathleen Dowling Singh, que trabaja en un centro para enfermos terminales de Florida: «Echamos de menos la unidad entre la vida y la muerte en el punto mismo en que nuestra mente corriente empieza a pensar en ello».

La contemplación es precisamente cuestionar esa mente corriente y decir que eso que llamamos pensamiento no puede llevarnos a ella. Necesitamos un sistema de funcionamiento diferente, que a la vez empiece con el silencio y conduzca al silencio.

En mi libro *The Naked Now*[10] (El ahora desnudo) llamé el no silencio con el nombre de «pensamiento dualista», en el que todo se entiende mediante términos opuestos, como la vida y la muerte. La mente dualista es casi la única mente que existe en Occidente. Incluso creemos que equivale a ser muy cultos —ser muy buenos en pensamiento dualista—, pero eso es lo que Jesús y Buda calificarían de pensamiento enjuiciador (Mateo 7,1-5), contra el que nos advierten encarecida e insistentemente.

El pensamiento dualista no descansa casi nunca. Funciona sobre todo cuando tomamos partido de un modo temperamental y luego tachamos al otro bando o partido de falso, equivocado, de herejía o no cierto. Con frecuencia

---

10. Richard Rohr, O.F.M., *The Naked Now*, Nueva York, Crossroad, 2009.

es algo a lo que no nos hemos expuesto todavía, o que amenaza de algún modo nuestro ego, o que trasciende nuestra formación. La mente dualista parte en dos el momento y prohíbe el lado oscuro, misterioso, paradójico. Es nuestro modo corriente de conversar. Básicamente, carece de humildad y de paciencia, y es lo opuesto a la contemplación.

El pensamiento no dualista es precisamente la contemplación, un término no muy estimulante para describir lo que creíamos que era la oración, pero que describe con una exactitud casi clínica lo que está sucediendo. El Espíritu Santo nos exime de tomar partido y nos permite permanecer contentos en medio de la oscuridad parcial de cada situación el tiempo suficiente para que esta permanencia nos enseñe, nos agrande, nos enriquezca. Para aprender a hacer esto tenemos que practicar durante muchos años y cometer muchos errores. Pablo expresa esto mismo con gran belleza en su epístola a los Filipenses (4,6-7):

Orad con acción de gracias, y la paz de Dios, que está por encima de todo juicio («cuya principal función es realizar distinciones») custodiará vuestros corazones y vuestros pensamientos en *Cristo* Jesús.

Todo aparece dicho aquí de manera escueta. Los maestros de la contemplación nos enseñan a estar en guardia y no dejar que nos controlen las emociones y los pensamientos obsesivos.

Cuando pensamos de manera no dualista, con la mente y el corazón bien custodiados, nos sentimos pobres por unos momentos, como sumidos en un silencio embarazoso.

Historia del no dualismo

En la tradición cristiana, el no dualismo aguantó el paso del tiempo unos mil quinientos años. *The Cloud of Unknowing*,[11] una guía mística cristiana sobre la contemplación escrita a mediados del siglo XIV, dejó bien claro que el no dualismo seguía constituyendo una parte importante de la tradición cristiana y que el saber tenía que estar compensado por el no saber, y el decir por el no decir. El mensaje básico era que la única manera de conocer verdaderamente a Dios era abandonando toda noción, creencia o conocimiento preconcebidos sobre Él y entregándonos al no saber, pues solamente así podríamos empezar a atisbar la verdadera naturaleza de Dios. Es lo que se conoce como la tradición apofática o la «oscuridad» desde los tiempos de Dionisio, a finales del siglo VI, a quien los teólogos escolásticos Aquino y Buenaventura citarían después por extenso en el siglo XIII.

11. Anónimo del siglo XIV, *La nube del no saber,* Barcelona, Herder, ²2006.

Cuando yuxtaponemos el saber y el no saber, e incluso cuando deseamos no saber, se da ese fenómeno maravilloso llamado fe, que nos permite mantener un horizonte, un campo abierto. De este modo, podemos permanecer con la mente humilde y asombrada de un principiante, incluso —por no decir sobre todo— cuando ya hemos alcanzado la edad adulta.

Curiosamente, muchos científicos actuales parecen hacer esto mejor que muchos clérigos cristianos. Los miembros de la comunidad científica pueden vivir con una hipótesis de trabajo, avanzar con una teoría, mientras que son muchos los miembros de comunidades religiosas que no pueden hacerlo; necesitan tener toda la verdad aquí y ahora, y contar con palabras claras y ciertas: «Mi religión/confesión posee toda la verdad; la tuya, no». ¡Qué pérdida de tiempo! ¿No nos damos cuenta de que esto es más amor propio que amor a la verdad? Esta actitud cobró nueva fuerza después de la Reforma, cuando Europa se dividió en católicos y luteranos. Cada grupo se empeñaba en demostrar que estaba cien por cien en lo cierto y que el otro grupo estaba cien por cien equivocado, lo cual, naturalmente, ni era —ni suele ser nunca— verdad.

Y poco después, en la misma estela de la Reforma, tuvimos ese fenómeno curiosamente llamado Iluminismo o Ilustración. ¡Nos robaron la palabra! ¿No hemos pensado nunca en ello? En realidad se trataba de un concepto neotestamentario, en buena parte tomado de Jesús, quien había dicho que él era la Luz o el Iluminador (Juan 8,12) y que nosotros compartiríamos esta luz o iluminación (Juan 9; Mateo 5,14-16). ¿Cómo un significado tan amplio y tan espiritual pasó a ser meramente racional? Pues porque perdimos nuestra manera excepcional y brillante de conocer, empeñados en imitar servilmente a nuestros antagonistas y en tomar prestados su vocabulario y su perspectiva.

La racionalidad es sin duda una bonita y sutil manera de pensar. Dio origen a la revolución industrial, la revolución científica, la revolución mecánica y la revolución médica. Pocos de nosotros estaríamos sentados aquí y ahora sin lo que ella aportó. ¡Gracias, Señor, por la mente dualista, racional! Es muy buena en sí, pero incapaz de llegar muy lejos. Hay un techo que la mente racional no puede traspasar.

En *The Naked Now* sugiero que existen cinco cuestiones por encima de ese techo y que la mente racional no puede procesar o explicar:

El amor. El amor no es racional. Es algo que sabemos perfectamente, y sin embargo la mayoría de nosotros moriríamos por él.

La muerte. La muerte como tal no es racional, no puede explicarse.

La vida como tal, ¡qué gran misterio!

El sufrimiento. Muchas personas se vienen abajo en presencia del sufrimiento, tratan de abordarlo mediante el ego de manera racional o dualista, y echando la culpa a los demás.

La noción de *infinito* o eternidad funde todos los plomos de la mente.

Más recientemente he añadido otro elemento: *el sexo*. Cualquiera que haya tenido sexo admitirá que no hay nada racional en él. Y sin embargo hay mucha gente que vive y muere por él.

¿Qué nos ha hecho pensar que las cosas verdaderamente grandes son solamente racionales? Cuando abordamos estas cuestiones desde un mero nivel racional nos estamos cerrando a lo no racional, a nuestra inteligencia emocional, la inteligencia intuitiva, personal y contextual, que es fundamental para conocer algo de manera espiritual o plena. Nos hemos empeñado en resolver cuestiones cruciales a este nivel, es decir, con una moral dualista, cargada de dogmas y doctrinas; pero esta es una conciencia de bajo nivel, que nos impide acceder a niveles superiores, como es la experiencia mística.

La nuestra es sin duda una época maravillosa, en la que se está intentando descubrir la mente contemplativa. La razón por la que yo dije «sí» a la invitación al Festival de las Confesiones fue porque, unos kilómetros más allá de donde se celebraba, Thomas Merton había reintroducido años antes, prácticamente él solo, la palabra contemplación en una Iglesia católica que ya la había olvidado y en una «era protestante» en la que nunca se había enseñado dicho concepto. Gracias a Dios, también había honrosas excepciones; me refiero a esas personas que, a través de un gran amor y un gran sufrimiento, habían alcanzado una mente contemplativa por sí solas, sin ni siquiera saber que eran contemplativas ni utilizar esta palabra para describirse como tales.

Después de la Reforma y de la Ilustración —o Iluminismo—, la Iglesia asumió una postura defensiva, llamada también «mentalidad de estado de sitio». Cada una de las denominaciones cristianas hizo lo mismo. Todos ansiábamos tener certeza, orden, una explicación para demostrar que nuestra denominación era la correcta, como si eso tuviera algo que ver con la fe o el amor. No nos dábamos cuenta de que casi todo el mundo nos miraría y concluiría que, en su conjunto, una religión que podía perder el tiempo en dichas disputas egocéntricas no podía por menos de estar equivocada. En su mayor parte, la contemplación ya no se enseñaba de manera sistemática, ni siquiera en el seno de las órdenes religiosas ni de las propias comunidades contemplativas, como dijera Thomas Merton a sus hermanos con verbo profético.

Y sin embargo, hay muchas personas cuyas almas viven aún en ese lugar silencioso, espacioso, abierto, que es invariablemente fruto de un gran amor o de un gran sufrimiento, y generalmente de ambas cosas. Tal es el sendero natural y universal hacia la contemplación. No necesitamos ser célibes, monjes, ni siquiera especialmente ascéticos (salvo en la mente y el corazón) para ser contemplativos.

Aunque la senda universal es el amor y el gran sufrimiento, la oración interior consciente puede acelerar esta senda hacia la contemplación y la transformación.[12] El mero recitar plegarias puede ser también, en palabras de san Juan Casiano (360-435), una «paz perniciosa». Este temprano monje cristiano, que introdujo en Occidente las ideas y prácticas del monacato egipcio en los albores de la Edad Media, vio claramente que la oración puede ser peligrosa si no nos lleva al gran amor y nos permite evitar el sufrimiento necesario en nombre de la religión.

Quienes caen en la red de seguridad del silencio descubren que no se trata en absoluto de una caída en el individualismo. Pues, si tal fuera el caso, se trataría entonces de dicha paz perniciosa. La verdadera oración o contemplación es, antes bien, un salto a lo compartido, a lo comunitario: sabemos que lo que experimentamos se sostiene en todos los demás y que ya no estamos solos. Formamos parte de un todo, somos una parte eternamente agradecida.

Esa es la razón por la que podemos ser célibes los llamados al celibato, porque vivimos una

12. Richard Rohr, O.F.M., *The Naked Now...*, *op. cit.*, capítulo 16.

especie de intimidad con todo. Todo nos parece como una sacudida, una alegría, una posibilidad, una comunión, una conexión. Asimismo, el celibato es una elección equivocada para quien no ha accedido a cierto nivel de oración contemplativa; en tal caso, la cosa *no va a funcionar* básicamente, y la persona en cuestión acabará como un «soltero o soltera estéril y frustrado», en palabras del papa Francisco. Por eso también hemos tenido los escándalos de pedofilia: hay jóvenes bien intencionados que se meten al seminario creyendo que pueden vivir la vida a este nivel más profundo pese a carecer de las herramientas interiores necesarias.

A una escala menor, la Iglesia hizo lo mismo con el laicado al decirle que creyera unas doctrinas, como la de la Trinidad o las dos naturalezas de Cristo, que no pueden entenderse con una mente dualista. Lo único que podemos hacer es asentir intelectualmente a dichas doctrinas, pero estas no tienen ninguna posibilidad dinámica de abrir nuestro corazón o nuestra mente ni de darnos una paz fundacional. Más bien, cierran nuestro corazón y nuestra mente al hacernos vivir en una especie de irrealidad.

El principio del tres, que nosotros llamamos Trinidad, deshace el principio del dos y afirma que todo poder se halla en una «relación entre». Como dice Cynthia Bourgeault, teóloga canadiense, sacerdotisa episcopaliana, escritora y directora de retiros espirituales, pues lo más importante en la doctrina de la Trinidad es que todo el poder no está en los nombres de las tres partículas, sino en la relación entre ellas.[13]

En cada aspecto del universo —modelado sobre la forma misma de Dios como Trinidad—, existe un modelo fundacional de dar y recibir. Una vez que tenemos una dinámica y rebosante noria de amor, como la llamara el franciscano san Buenaventura, el líquido solamente fluye en una dirección siempre positiva, siempre regalando, siempre rebosando, donde no hay en Dios ninguna posibilidad de ira, desamor, enojo u odio.

La doctrina de la Trinidad se hizo para movernos al principio dinámico de tres, donde siempre hay un movimiento hacia delante. Pero el ego nos retrotrajo, de manera natural, al principio de dos, que es intrínsecamente comparativo, competitivo, antagónico y generalmente de tipo disyuntivo («o esto o eso»). La Trinidad deshace dicha tipología, invitándonos a saltar dentro de ese flujo y a dejarlo ocurrir y discurrir. Y la única manera de saltar realmente dentro de él es permanecer en el amor, incluso en nuestra mente. He aquí un aforismo que empleo a menudo:

13. Cynthia Bourgeault, «The Shape of God», conferencia sobre la Trinidad pronunciada por Cynthia Bourgeault y Richard Rohr, O.F.M.

Cuidemos nuestros pensamientos, pues se convertirán en palabras. Cuidemos nuestras palabras, pues se convertirán en acciones. Cuidemos nuestras acciones, pues se convertirán en hábitos. Cuidemos nuestros hábitos, pues se convertirán en nuestro carácter. Cuidemos nuestro carácter, pues se convertirá en nuestro destino.

La contemplación y el silencio cortan de raíz el ego y sus aspectos negativos enseñándonos a cuidar y guardar nuestros pensamientos.

Soledad frente a silencio

Ahora me gustaría establecer una importante distinción entre soledad y silencio. La soledad como tal no es silencio. La soledad emerge a menudo porque no nos gusta la gente, porque estamos enfadados con nuestra pareja o queremos apartarnos de unos individuos especialmente ruidosos —o simplemente porque somos unas personas introvertidas—, y no hay nada intrínsecamente equivocado o correcto en esto. Pero en este tipo de soledad tampoco hay nada que posea una virtud transformadora. Funciona, lo que no quiere decir que conecte. Una verdadera soledad tiene que encuadrarse en un silencio más amplio, un silencio compartido, que trascienda la mera ausencia de ruido. El verdadero silencio mantiene los contrarios, algo que no pueden hacer las palabras. Media entre —y resuelve las polaridades de— cada lado. El silencio es el espacio que media entre las palabras y el entorno de las ideas. Cada parte de toda discusión debe viajar por la amplia y pacificadora superficie del silencio antes de poder alcanzar a la otra. Y caminando por esta amplia carretera del silencio, uno es mucho más humilde y menos enjuiciador del otro. El silencio tampoco pone palabras en boca del otro ni hace caricaturas de él. Obviamente, no anuncia o vocea los nombres, sino que espera pacientemente a que el otro se nombre plenamente a sí mismo.

Sin ese silencio alrededor de las palabras y las ideas, solamente hay más análisis y un comentario infinito, precisamente eso que *dejamos de* hacer en la práctica contemplativa. Aquí suspendemos el comentario, especialmente una vez que hemos descubierto cuán autorreferenciales son la mayor parte de los comentarios. Este tipo de diálogo interno con nosotros mismos nunca nos acercará a la Gran Verdad.

¡Quién no ha repasado en su mente una discusión inminente con su jefe, pareja o alguien próximo! Como el hijo pródigo antes de volver a casa, practicando lo que le va a decir a su padre, el ego temeroso ensaya su postura defensiva.

Pero cuando hacemos eso notamos que empleamos las palabras que van a ganar nuestro caso y a derrotar a la otra parte. Si somos sinceros con nosotros mismos, reconoceremos que no estamos buscando realmente la verdad, sino más bien tratando de parecer buenos, atinados, o de preservar nuestro trabajo, matrimonio o cualquier otra cosa. Y no cabe duda de que Dios entenderá eso.

Pero la mente contemplativa va más allá y lee la realidad a un nivel diferente de la disyuntiva «o esto o eso». He titulado mi último libro *Yes, And* (Sí y también) en vez de *Yes, But* (Sí, pero) porque el «pero» torna la frase adversativa: esto, y no eso. Lo cual nos lleva directamente al pensamiento antagónico o defensivo.

Como sacerdote católico que soy, yo me he formado en la Tradición. Conozco bien la Tradición y la ortodoxia. Pero los franciscanos nos consideramos a menudo una especie de ortodoxia alternativa dentro de la Iglesia por cuanto hacemos énfasis en cosas diferentes. En general, Francisco hizo más hincapié en la «ortopraxia» que en la mera ortodoxia verbal, centrándose más en cómo *vivimos* que en lo que decimos que *creemos*. Ahora estamos viendo este mismo hincapié en su tocayo el papa Francisco, algo que está produciendo todo un revuelo a nivel mundial.

Francisco no era un académico. Insistió sobre todo en la conveniencia de llevar una vida sencilla, no violenta, en este mundo. Una frase que se le atribuye, y que se ha hecho hoy muy popular, es en realidad una paráfrasis de algo que aparece en nuestra Regla Franciscana y en una de sus «Admoniciones»: «Predicad el evangelio todo el tiempo. Cuando sea necesario, utilizad palabras». En sus primeras biografías, dice también a los hermanos cosas parecidas.

Predicar el evangelio todo el tiempo. Su estilo de vida era el evangelio, algo que encontramos también de manera parecida en las tradiciones de los menonitas, los amish, los waldenses y los cuáqueros. No discutir sobre las palabras, pues ello conduce siempre a una toma de partido dualista, sectaria. Vivir simplemente proclamando a Jesús, vivir de manera que todo el mundo reconozca que rezumamos el amor y la compasión de Jesús.

Por supuesto, el silencio no es luchar por una doctrina, sino convenir en que no lo sabemos todo y no hablar demasiado deprisa. Es un modo de vida más que una doctrina que se puede imponer. Dentro del silencio —especialmente del silencio prolongado— vemos que las cosas encuentran su verdadero orden y significado de un modo natural. Y cuando las cosas encuentran su verdadero orden, sabemos qué es lo importante, lo que perdura, lo que es real, eso que Jesús habría llamado Reino de Dios, es decir, lo que realmente importa. Todo lo demás es fugaz. Todas esas cosas que tanto nos emocionaron el miércoles pasado, y que ni siquiera recordamos ya, son eso que los budistas llaman atinadamente con el nombre de vacío. No tienen una sustancia duradera, y en tal sentido no son reales.

Y sin embargo somos capaces de dar la vida por una emoción de la que no quedará ni rastro la semana que viene. Nos gusta envolver el ego con emociones, a las que damos un peso y una importancia que no merecen. Los sentimientos son intrínsecamente autorreferenciales, lo que nos ayuda a conocernos a nosotros mismos, pero también nos mantienen encerrados en nuestro pequeño mundo si los tomamos demasiado en serio o nos apegamos a ellos. Los sentimientos siempre versan sobre «mí», lo que nos proporciona autoconocimiento, pero también nos encarcelan en dicha mismidad si no los utilizamos para seguir avanzando.

Mi metáfora preferida para describir el Reino de Dios de Jesús es la de la perspectiva general. En la perspectiva general, ¿qué es lo que realmente importa? Cuando estemos en nuestro lecho de muerte, ¿qué nos va a importar realmente? ¿Pensaremos, por ejemplo, en lo que estamos pensando en este momento? ¿Discutiremos sobre lo que estamos discutiendo ahora? El núcleo de nuestra batalla espiritual consiste en saber sustraernos al tirón de la emoción y del ego, que quiere siempre tener razón, ganar, arrastrar al otro por los suelos, humillar al enemigo. Es ahí donde básicamente debemos poner nuestra energía en vez de obsesionarnos con cuestiones morales, teóricas o reales, que generalmente exigen poco de nosotros en el plano personal.

Cuando tomamos partido o descubrimos que hemos ganado una causa solemos sentirnos muy a gusto. Pero el silencio permite que las cosas emerjan en toda su totalidad —como diría Ken Wilber, «en todos los niveles, en todas las fases»—, impidiendo que sigamos aprisionados en un solo nivel, en una sola fase.

En ese nivel o estadio único siempre estamos tratando de defender algo. Por eso todas las discusiones entre las personas, en cualquier nivel de crecimiento, están condenadas a cierto grado de incomprensión. Fuera de la mente contemplativa, esas discusiones son casi siempre egocéntricas y su único objetivo es ganar. El Congreso de los Estados Unidos es un buen ejemplo de lo que decimos, sobre todo en los últimos años: nuestros representantes, por lo demás bien educados, suelen hablar de una manera sumamente estrecha y ciega, hasta el punto de que ya nos hemos acostumbrado a esperar solamente eso de ellos. Al nivel en que se desenvuelven sus intercambios, no es posible ni el amor ni la búsqueda de la verdad —ni tan siquiera de la realidad—; únicamente prima el amor a la victoria, que es justo lo que el ego más desea, junto con asegurarse de que la otra parte salga derrotada.

La mente dualista gusta de exagerar las diferencias y, en general, de todo lo que suponga la derrota del otro. Cuando no experimentamos la comunión, cuando no experimentamos la consciencia unitiva, lo único que queda son las diferencias. Estas se convierten entonces en un fácil punto de referencia, que solemos recalcar y llevar hasta el extremo. Son las primeras fases de lo que René Girard llamará atinadamente «el mecanismo del chivo expiatorio», el cual, según dice también, funciona en su mayor parte de manera inconsciente. ¡La contemplación tiene, entre otras virtudes, la de hacernos conscientes de estas cosas!

Durante la primera mitad de la vida todos somos bastante dualistas, y hasta es necesario que empecemos siendo así. Necesitamos primero hacer distinciones para después poder trascenderlas. ¡Cómo no las vamos a hacer! Esperamos que los jóvenes hagan distinciones y se centren en ganar. A tal fin deben conocer bien a su grupo, su equipo, su nacionalidad, su raza, su religión, su vecindario. Hasta ahora la mayor parte de la historia no ha pasado de la conciencia de la primera mitad de la vida.

La mayor parte de la gente nunca ha tenido tiempo —ni ha sido modelada— para la segunda mitad de la vida, cuando ya no se trata de ganar, sino de ser, de poseer una integridad interior. Pues bien, el silencio es lo que crea el espacio necesario para ese nivel del ser más amplio y verdadero, ¡siempre y cuando se lo *permitamos*!

Necesitamos ver el silencio, y la nada en sí, como una especie de estar en la gran cadena del ser, como el primer eslabón del que surgen todos los demás. San Buenaventura, ese genio espiritual italiano que siguió la línea intelectual del nada académico Francisco, nos guió a través de la gran cadena del ser, desde las cosas materiales hasta el alma interior, hasta lo Divino. Y Juan Duns Escoto, otro franciscano de la primera hora, sostuvo que compartimos una misma voz con la tierra como tal, con las aguas que hay sobre la tierra, con los minerales que hay dentro de la tierra, con las flores, los árboles y las hierbas, con los animales, los humanos, los coros angélicos, y con lo divino. Según estos dos místicos, una vez que dejamos de ver lo divino en cualquier eslabón de esta cadena, todas las cosas se vienen abajo. O todo es obra de Dios o nos costará mucho trabajo encontrar a Dios en las cosas simples. Este mundo escindido y confuso es el mundo posmoderno en el que vivimos hoy, que no sabe envolver todas las cosas de silencio y fundarlas en él.

Esto no es una simplificación ilegítima. O bien vemos a Dios en todas las cosas o muy rápidamente acabaremos no viendo a Dios en ninguna parte (ni siquiera en nuestra propia especie). Y sin embargo, desde la Reforma los cristianos hemos pasado los últimos quinientos años dividiéndonos mientras decidíamos dónde estaba Dios, convencidos de que Dios estaba en *nuestra* Iglesia, pero no en la tuya: es «mi Iglesia» la que Dios prefiere y donde reside. La misma mentira que Jesús trató de denunciar en medio de su propio pueblo elegido, y ya conocemos la violenta reacción que suscitó.

Incluso en el *Catecismo de Baltimore*, en el que tantas generaciones de jóvenes católicos estadounidenses se han educado, la Iglesia ha ofrecido unos mensajes sobre Dios harto ambiguos. La respuesta a la pregunta «¿Dónde está Dios?» (pregunta 16) rezaba así: «Dios está en todas partes». Pero luego, a lo largo del catecismo apreciamos que Dios *no* está realmente en todas partes, sino solamente en la Iglesia católica romana. Y, en esta Iglesia católica romana, Jesús estaba solamente en el tabernáculo. Y ello únicamente si el sacerdote celebraba una misa válida y se hallaba en estado de gracia. Así pues, Dios estaba encerrado con llave, una llave que solamente el sacerdote poseía. Sin querer, pusimos los cimientos del ateísmo moderno al proclamar una y otra vez dónde *no* estaba Dios, y dónde ni siquiera se le *permitía* estar. Este cristianismo inmaduro dio origen al secularismo, al no apreciar el silencio ni, por tanto, esa belleza y ese pegamento de la gracia que conecta toda cosa con el resto del universo. Esto lo hicimos por no cultivar el humilde silencio que precede a todas nuestras palabras y distinciones.

Y así, mientras por un lado pretendíamos que Dios estaba en todas partes, por el otro aseverábamos que Dios no estaba casi en ningún lugar.

El silencio permite el todo y no se pierde en —ni se «hiperidentifica» con— las partes. Sin silencio, casi todas las cosas se vuelven aburridas, superfluas o simplemente una cosa más. Y entonces nos preocupamos por el tamaño, la masa, la velocidad, la influencia, el «famoseo» y no por el significado o lo verdaderamente relevante. Como si únicamente los poetas y los místicos tuvieran tiempo para cosas como el significado o la profundidad.

El silencio es ese compañero siempre fiel, esa puerta de entrada a una conexión más profunda con todo lo que está delante de nosotros. Lo que está delante de nosotros no necesita ser grande o importante. Puede ser una piedra. Puede ser un saltamontes. Cualquier cosa puede convertirnos una vez que la hemos rodeado de ese silencio reverente que le presta relevancia, identidad, singularidad, importancia, valor o la que Duns Escoto llamara la «ecceidad» de toda cosa.

Basándose de nuevo en el amor a los animales y a las criaturas que mostró Francisco —el hermano sol, la hermana luna…—, Escoto dijo que Dios no crea el género y las especies; Dios únicamente crea *esta cosa concreta:* esta rana, este momento, este perro. Y el hecho de que este perro persista y esté aquí en este momento significa que Dios lo está eligiendo y amando justo ahora, pues de lo contrario caería en el olvido. ¡Ah, qué bonito es esto! Al menos eso pienso yo.

Solamente hay ecceidad en la buena filosofía franciscana, que es una manera diferente de hablar del misterio de la encarnación. Por eso Juan Duns Escoto gustó a tantos poetas. El poeta y jesuita inglés del siglo XIX Gerard Manley Hopkins fue un escotista, al igual que el trapense y místico americano del siglo XX Thomas Merton. Y el jesuita Theilhard de Chardin fue el moderno Escoto francés por su amor a las cosas materiales y concretas.

Resumen

El silencio es un lugar de residencia que es a la vez horizontal, al permitir la conexión con la ecceidad y la singularidad de toda cosa, pero también, y al mismo tiempo, es vertical: nos permite encontrar, a través de esas cosas, puertas abiertas a lo eterno. El silencio despeja el ruido que proyectamos a todas las cosas y permite a cada cosa individual estar en, estar para, e incluso estar aparte, de manera que podemos ver la luz y la vida que revela. Esto *es siempre la puerta a eso —y a más*. Lo uno es la ventana a través de la cual podemos ver lo múltiple. Si es verdad aquí, pronto será verdad también en todas partes.

El silencio atrae el significado. Si pasamos una hora entera en silencio, será difícil no escribir un poema.

En el silencio, todo se torna real. Todo merece un poema. El silencio revela la plenitud del ahora en vez de esperar y querer siempre más, en vez de esperar que ocurra lo siguiente, lo más interesante.

Pero lo que tenemos que recordar es que *la manera como hacemos algo es la manera como hacemos todo*. Y la manera como hagamos este momento será la manera como hagamos el momento siguiente. Y si estamos muy aburridos con este momento, estaremos muy aburridos con el momento siguiente.

Tenemos que estar despiertos justo ahora. Y podemos estarlo a través del silencio. No se trata de ser más morales, sino de ser más conscientes, ¡lo cual acabará haciéndonos mucho más morales! Ser vulnerables ante un momento significa darle el poder de cambiarnos. Si no damos a otra persona, a otro animal, acontecimiento, situación o emoción el poder de influirnos, de cambiarnos, entonces no intimaremos con el momento, no seremos vulnerables ante la única realidad que tenemos.

En muchos aspectos, la intimidad ante el momento, la vulnerabilidad en presencia de toda realidad, es el nombre mismo de la espiritualidad. Sería realmente heroico si pudiéramos vivir toda nuestra vida dentro de este tipo de membrana semipermeable. Permitiría a todos los acontecimientos entrar lo suficiente para cambiarnos realmente y permitirnos salir de nuestras prisiones —para cambiar el mundo un poco, ojalá. Si nuestra espiritualidad no nos hace más vulnerables, dudo que nos pueda servir de mucho.

El silencio, si respondemos aunque sea a una pequeña parte de él, diríase que se oculta y oculta. Pero si permanecemos abiertos, entonces revela más. Revela y oculta, revela y oculta, revela y oculta; espera a ver si lo vamos a utilizar de una manera no manipuladora, y si no somos manipuladores, entonces da más de sí. Por favor, pensemos en esto unos momentos.

Seamos pues pacientes con el silencio. Primero ofrece un poco, y luego ofrece más si no hacemos mal uso de ese poco que nos ha ofrecido. Es como flotar en el agua: una vez que dejamos de pelear con ella, flotamos mejor.

Dejemos abierto el silencio. No intentemos calmar la tormenta. No nos precipitemos a resolver el conflicto interno. No busquemos una respuesta facilona, rápida, antes bien, dejemos todas las cosas unos instantes en el espacio silencioso. No nos precipitemos a emitir un juicio. Dios es el único juez. El silencio interior nos libera de la onerosa tarea de pensar que nuestro juicio es necesario o importante.

El verdadero silencio hace que pasemos de conocer cosas a percibir una Presencia que posee una realidad en sí. ¿Podría ser eso Dios? Entonces se da una mutualidad entre nosotros y todas las cosas, una relación yo-tú, como diría el filósofo del siglo xx Martin Buber, y no una relación yo-ello, que se da cuando experimentamos todo como una mercancía, como algo útil, como algo utilitario. En cambio, la relación yo-tú se da cuando podemos respetar una cosa simplemente tal y como es, sin ajustarla, nombrarla, cambiarla, arreglarla, controlarla o tratar de explicarla. ¿Es esa la mente que puede conocer a Dios? Yo creo que sí.

Este silencio es la paz que el mundo no puede dar (Juan 14,27). Lo cual no significa que no exista un lugar para explicar, un lugar para comprender. Pero primero tenemos que aprender a decir «sí» a este momento. Es por el sí por donde tenemos que empezar. Si empezamos por el no, que es criticador, juzgador, encasillador, analizador, desestimador, será muy difícil volver al sí.

Debemos aprender a empezar cada encuentro individual con un sí fundacional antes de atrevernos a pasar al no. He aquí el meollo de la contemplación, que exige toda una vida de práctica. Pero ahora que hemos empezado, ya podemos vivir cada día con la mente del principiante, que siempre retorna, que siempre está en silencio antes de atreverse a hablar.

2. El sagrado silencio, el camino a la compasión[*]

Dios como flujo

Personalmente, me parece una rareza que el cristianismo, la religión que cree que la Palabra, el Verbo, se hizo carne, se volviera hasta tal punto «verboso» que buena parte de su historia se confunde con una permanente contienda acerca de las palabras, con un constante afán por utilizar ciertas palabras de manera diferente, por definirlas, por defenderlas. De este modo hemos acabado invirtiendo el proceso de la encarnación divina, haciendo que la carne se vuelva de nuevo palabra (¡pero ya no la Palabra Eterna!).

Sin duda, nos habríamos preocupado más por lo que llamamos la encarnación —el hacerse carne—, es decir, el mundo físico, de haber creí-

[*] Extracto de las palabras de Richard Rohr y de las intervenciones del público, «Sacred Silence: Pathway to Compassion», Festival of Faiths, charla impartida en la Galt House, Louisville, Kentucky, el sábado 18 de mayo de 2013.

do realmente lo que decíamos creer: que Dios se encarnó en un judío llamado Jesús. Tal es el credo de la tradición cristiana. Pero, si somos sinceros, debemos reconocer que la nuestra es una historia más bien gnóstica, es decir, más bien una *excarnación* que una encarnación, toda vez que hemos preferido invariablemente la teoría a la práctica.

Dentro de la tradición cristiana la doctrina de la Trinidad figura en lo más alto de la ortodoxia. En el credo cristiano ortodoxo la forma de Dios se plasma más bien a través de un verbo que de un nombre. Dios es una relación. Dios es una comunión entre los que llamamos Padre, Hijo y Espíritu Santo. Aunque les hayamos otorgado nombres masculinos, siempre se ha debatido sobre si el Espíritu Santo es femenino.

Pero como dice la teóloga Cynthia Bourgeault, incluso con esta nueva formulación las mujeres salen también perdiendo: el Padre y el Hijo (dos) frente al Espíritu Santo (uno). De todos modos, Cynthia nos exhorta a no discutir sobre si las figuras de la Trinidad son todas masculinas o femeninas, pues ese no es el quid de la cuestión; lo que debemos tener presente es *la relación entre las tres personas,* no sus nombres concretos o su género.

Pero ocurrió que, al que creímos el Encarnado, el Visible, el Cristo, lo sacamos de ese proceso de comunión o mutua efusión que las palabras se revelan inadecuadas para describir y sobre el que no se puede hablar. La doctrina de la Trinidad podría habernos aportado una mayor paciencia con el silencio y el misterio. Pero al parecer queríamos desesperadamente algo de que hablar, algo que comentar. Y así Jesucristo, el Visible, se convirtió en el más comentado de las tres personas. Prácticamente hablamos de la divinidad de Jesús olvidándonos de que Dios era la Trinidad, lo que, significativamente, reconfiguró la mente cristiana e hizo que el misticismo resultara algo raro e incluso sospechoso.

En otras palabras, los cristianos jugamos en exceso la carta de Jesús. Sacamos a Jesús de esta unión dinámica de la Trinidad y después lo empujamos, a todos los efectos prácticos, a desempeñar el papel de Dios, cuando su papel era muy distinto: ¡juntar en uno a Dios y a la humanidad! Como no supimos unir esto en él, el triste resultado fue que nos quedamos sin ningún modelo ni sugerencia para incorporar también las dos cosas en nosotros.

Consideremos, por ejemplo, nuestros primeros intentos lingüísticos de describir lo indescriptible, aunque hoy podríamos utilizar un vocabulario diferente. Nuestro empleo de términos masculinos es, al menos en parte, un mero accidente histórico; así, empleamos la palabra *Padre* para describir a Dios como Creador y Fuente, y el propio Jesús describió a su Dios como Abba, Padre —o, más exactamente, «papá»—, lo que sin duda fue muy útil en un mundo en el que el varón era por lo general una figura patriarcal que infundía desconfianza, muy alejada de la figura de un papá cariñoso. Jesús llamó a Dios con el nombre de Abba y realizó una curación necesaria, pero por desgracia nosotros tomamos después la metáfora de manera literal, lo que con el tiempo creó toda una serie de retrocesos y de proyecciones negativas. Y Dios Padre terminó pareciéndose más a un patriarca en vez de permitir que el flujo trinitario redefiniera la noción misma de patriarcado (espero que esto resulte claro) o de aprender a relacionarnos con este Padre del mismo modo en que se relacionó Jesús.

Nosotros afirmamos que la doctrina de la Trinidad es la verdadera teología fundacional del cristianismo. Sin embargo, a principios de la década de 1960 el jesuita alemán Karl Rahner dijo que «si la doctrina de la Trinidad tuviera que desecharse por falsa, la mayor parte de la bibliografía religiosa podría permanecer prácticamente inalterada».[14] ¿Cómo podría ser eso cierto? No fue por mala voluntad, ni siquiera por mala teología, simplemente carecimos de las herramientas interiores necesarias para abordar esto. La doctrina de la Trinidad invita a —a la vez que necesita de— una consciencia no dual, una mente contemplativa para poder empezar a procesar este misterio no racional de Dios.

14 Karl Rahner, S.J., *The Trinity,* Nueva York, Crossroad, 1999, p. 10.

Las otras religiones no tienen por qué adoptar el vocabulario cristiano ni, por tanto, la metáfora cristiana de la Trinidad. Pero aunque nosotros empleamos un lenguaje diferente, la mayor parte de las religiones que han llegado a cierto nivel de madurez comparten la noción de Dios como flujo dinámico, como comunión, como relación propiamente tal o como el mismísimo «fundamento del ser», en palabras de Pablo (Hechos 17,28).

Este Dios Padre es el Dios que nuestros ancestros judíos descubrieron y reverenciaron hasta el punto de considerarlo más allá de toda palabra, un Dios cuyo nombre —Yahvé— no se podía pronunciar (Éxodo 3,14 y 20,7). Por esta razón no utilizaban su nombre sagrado: era innombrable. Con esta inefabilidad de Dios y de Yahvé, nuestros ancestros judíos nos dieron una maravillosa lección de humildad. Usar el nombre era usarlo «en vano». «No sabemos de qué estamos hablando cuando usamos la palabra Dios»,[15] tal era el mensaje eterno. Toda palabra sobre Él se usa en vano, de acuerdo; sin embargo, alguna palabra debe usarse.

Con el empleo de la maravillosa palabra «Padre» (recordemos que para referirnos a Dios solamente es posible emplear metáforas), tomó forma la fe cristiana en el Uno sin Forma, pues

15 Richard Rohr, O.F.M., *The Naked Now...*, *op. cit.*, capítulo 2.

los humanos teníamos que describir a alguien a quien pudiéramos amar y con quien pudiéramos relacionarnos (1 Juan 1,1-2). Teníamos que partir de una metáfora sanadora para iniciar una relación de confianza. Lo malo es que tomamos la metáfora de manera literal y creímos que Dios era realmente de género masculino y humano. Una tontería si lo pensamos bien, aunque en realidad era una manera de empezar.

El que los cristianos llaman Espíritu Santo era la relación de amor entre el Padre y el Hijo, que tampoco podía nombrarse ni describirse plenamente. Él/Ella es ese «Tercer Algo» que toma realidad y vida propias, como la relación amorosa entre el esposo y la esposa. Lo mejor que podíamos hacer era buscar otras metáforas, como la paloma que desciende, el fuego, el viento, el agua que corre, todas ellas palabras dinámicas y símbolos válidos para describir esa relación activa y viva (los movimientos internos) que llamamos «el Espíritu Santo que mora en nosotros».

Con frecuencia olvidamos que *el único lenguaje posible de la religión es la metáfora*. A buena parte de los cristianos les causa estupefacción que todas las palabras que empleamos sean metafóricas («es como, como, como...»). Si en cuanto comunidad cristiana hubiéramos sido más sinceros y aceptado la norma judía de que cualquier nombre para llamar a Dios resulta vano, y no es una descripción perfecta ni adecuada, habríamos desarrollado una mayor humildad en torno a las palabras y a la propia religión. Todavía hay muchos católicos que buscan el misterio a través del incienso y el latín en vez de descansar en —y luchar con— el misterio fundacional propiamente tal.

Fuimos llamados a honrar al Padre y al Espíritu Santo y al que tomó forma e identidad, así como a la relación entre ellos, y no a centrarnos solamente en Jesús, algo que acabó confundiéndose con la religión cristiana en sus formas más corrientes. Este hacer más hincapié en Jesús y menos en la relación tuvo también como consecuencia el ponernos a competir con las otras grandes religiones. Teníamos que probar la realidad de Jesús todo el tiempo, y ello en oposición a Buda, a Alá, a los dioses hindúes e incluso al Dios de Israel. Al hacer eso, sustrajimos a Cristo de la unión misma de la que tanto nos habló y disfrutó y en la que nos invitó a entrar. Solamente un trinitarismo sincero nos abrirá realmente la puerta a un diálogo y respeto interreligioso, y entonces estaremos en condiciones de admitir que Dios es también misterio total y viveza interior, de los que Jesús ya no habrá quedado apartado.

¡Qué gran ironía! Al hacer excesivo hincapié en una parte de nuestra propia tradición acabamos siendo infieles a ella. Rezamos *a* Cristo en vez de —como dicen todavía las preces oficiales— «*por* Cristo nuestro Señor». ¡Qué pérdida tan enorme!

Al jugar en exceso la carta de Jesús y convertirlo en el fundador de nuestra nueva religión, nos olvidamos de que murió, creo yo, como un judío fiel. Con su mente humana, él no sabía que estaba fundando la religión cristiana (algo que resulta bastante claro en los evangelios, si los leemos con total sinceridad), sino tratando de reformar y pulir su propia —y toda— religión de cualquier idolatría. Supongo que los católicos son conscientes de que Jesús nunca oyó hablar de ninguna Iglesia católica romana ni, para el caso, de ninguna otra Iglesia. Él acudió a la sinagoga y al templo. Esto puede parecernos extraño, pero se trata en definitiva de una extrañeza necesaria.

La tangente de la historia

Debemos reconocer que entendimos nuestra religión cristiana fuera de su debido contexto histórico. Desde muy pronto, no solamente nos apartamos de nuestro enraizamiento en el judaísmo, sino que además, después del año 313 d.C., nos alineamos con el Imperio romano y después con el poder (guerras y dinero incluidos) de Europa, y así más o menos hasta la segunda mitad del siglo XX, cuando las dos guerras mundiales expusieron a los ojos de todo el mundo esta gran incongruencia.

Si bien esa confluencia de acontecimientos tuvo algunos aspectos buenos —no estoy diciendo que todos fueran malos—, nuestro alineamiento con el Imperio romano, el Sacro Imperio Romano Germánico, la Monarquía hispánica y el Imperio inglés tornó una y otra vez necesario defender a nuestro dios y demostrar que era mejor que los otros dioses. Los imperios necesitan que exista un acuerdo general sobre Dios para mantenerse compactos, y les importa menos, por no decir muy poco, si seguimos o no sus enseñanzas. El humilde judío Jesús se convirtió así en una figura teocrática. El Encarnado se convirtió de nuevo en un Juez Trascendente. Se convirtió en el Pantocrátor (el Omnipotente y Terrible Señor del Universo), algo que carecía prácticamente de toda base en las sagradas escrituras. Comparemos esto con los sencillos dibujos del Buen Pastor y del «Asno Crucificado» que encontramos en las catacumbas. Estos dibujos bizantinos son unas imágenes enteramente diferentes de Jesús que influyeron profundamente en la práctica cristiana y todavía hoy siguen influyendo.

La misma palabra latina que se emplea para referirse a Dios, *Deus,* es en realidad una derivación de la palabra griega *Zeus.* Así pues, estuvimos trabajando básicamente con una noción pagana de dios; y en eso se convirtió Jesús, quien muy pronto dejó de tener apenas algo que ver con el Jesús histórico para pasar a ser la figura de un dios disponible, capaz de mantener cohesionado a todo el Imperio romano. En este sentido, algunos historiadores del arte opinan que la imagen del Pantocrátor que se impuso en las basílicas cristianas después del siglo IV fue un intento deliberado por imitar a la ominosa imagen de Zeus o de Júpiter en sus templos griegos y romanos. La imagen de un perdedor, de un crucificado, no era una imagen con la que el imperio (el ego) pudiera estar muy cómodo. Ni entonces ni tampoco en lo sucesivo.

Siempre ha habido personas que se han movido en un nivel más profundo, o en la que yo llamo la corriente subterránea, donde lo inefable, el misterio, sigue teniendo cabida y es debidamente venerado. Pero en líneas generales, pasamos de una posición de minoría inmoral a otra de mayoría aparentemente moral, lo cual cambió radicalmente nuestra perspectiva.

La corriente más profunda y antigua puede encontrarse, por supuesto, en las enseñanzas del evangelio de Juan y en muchas de Pablo; posteriormente, en los Padres y Madres del Desierto para pasar poco después a Egipto, Siria, Capadocia (en la Turquía oriental) y varias zonas de Palestina. Es ahí donde la tradición mística se desarrolló primero y donde se descubrió y enseñó la vida contemplativa, enseñanza según la cual necesitamos una mente diferente para comprender el evangelio al más alto nivel. Todos aquellos contemplativos, en vez de disputar acerca de doctrinas, buscaron la mejor manera de alcanzar la *paz interior*. Tratemos de ver la diferencia radical que esto representa. Leamos por ejemplo la *Filokalia* (la famosa colección de textos de la Iglesia Ortodoxa Oriental que van del siglo IV al XV) para conocer todo esto más profundamente.

Todos ellos fueron capaces de demostrar y enseñar que la mente normal y dualista de la primera fase no puede llevarnos a «expresar las cosas del espíritu con lenguaje espiritual» (1 Corintios 2,13). Es un instrumento demasiado débil para comprender lo que dice Jesús acerca de que «el Padre y yo somos uno» y que estamos compartiendo realmente contigo este mismo Espíritu e invitándote a nuestra relación.

Este nuevo principio de tres no podremos comprenderlo con el viejo principio de dos, con el principio del dualismo, que siempre es un pensamiento antagónico, disyuntivo, del tipo verdadero/falso. Este pensamiento dualista persistió muchos siglos en el catolicismo romano, contribuyendo en buena parte a crear un cristianismo de dos niveles (clérigos y religiosos frente a laicos), contra el que Lutero arremetió con mucha razón.

Los monjes —o frailes— y las monjas, si bien no todos son contemplativos, formaron el núcleo fuerte de todas las comunidades religiosas (por ejemplo, mi comunidad franciscana) y fueron responsables del redescubrimiento de la mente contemplativa en nuestro tiempo (el monje de Kentucky Thomas Merton lideró esta nueva zambullida en el pasado con proyección en nuestro futuro). Así, muchos religiosos de la primera hora se volvieron eremitas al ver que no podían sobrevivir en medio de la vida religiosa dualista al uso. Asimismo, muchos laicos, mostrando un gran amor y un gran sufrimiento, se volvieron «contemplativos ocultos», recibiendo por lo general poco apoyo por parte del clero, razón por la que también ellos decidieron pasar a un segundo plano a fin de poder sobrevivir.

Siempre que veamos una nueva floración de eremitas, anacoretas, personas solitarias y casas de retiro, podremos concluir que en dicha era se ha redescubierto el pensamiento no dual o contemplativo. Con una mente dualista no podemos soportar el silencio y la soledad durante mucho tiempo. Nos volvemos locos con nuestras disputas internas.

Pero, por desgracia, esta situación de estar partidos en dos creó una sociedad de dos niveles. Así, no se esperaba que un católico corriente de Florencia, Heildelberg o Boston pudiera aprender a tener una mente contemplativa. Se le enseñaba simplemente a pagar, rezar y obedecer. La oración no significaba realmente una práctica contemplativa; era más bien en la recitación de unas oraciones, o la oración social de la liturgia, donde podíamos saber si estábamos obrando bien o mal, algo que el ego tanto necesita saber. Por desgracia, a este nivel hay poca cabida para un sincero trabajo en la sombra, para la humildad, para el misterio. Básicamente, se trata de conformarse al grupo.

Lo maravilloso de vivir en esta época es que se está recuperando y renombrando con gran sinceridad la tradición de la contemplación. Sí, tuvimos esta tradición, la perdimos…, pero la redescubrimos continuamente. Hasta ahora se había marginado por completo, de manera que no se esperaba de —ni se ofrecía a— un creyente cristiano corriente, ni tampoco de un clérigo corriente, que únicamente se limitaba a su labor de predicación y enseñanza. Esa es fundamentalmente la razón por la que el catolicismo se escindió en al menos tres niveles principales: el clero, que se encargaba de mantener todo bien ordenado y cohesionado; el laicado, que hacía lo que le decía el clero; y los monjes, monjas y frailes, que tuvieron que quitarse de en medio para encontrar la antigua profundidad, obviamente con diferentes grados de éxito.

Después, hay que dar gracias a Dios por la Reforma protestante acaecida en el siglo XV, pues hasta ese momento los católicos habíamos sido la única opción disponible: ostentábamos el monopolio del supuesto cristianismo, al menos en Occidente. No había una oposición leal que ayudara al cristianismo a mantenerse mínimamente centrado en sus metas básicas, ni siquiera a actuar con honradez, sobre todo porque, desde el gran cisma de 1054, habíamos perdido prácticamente todo contacto con la Iglesia de Oriente. Así, aprendimos de nuevo que el poder absoluto tiende por naturaleza a corromper lo que toca.

Sin pensamiento profético, es decir, sin ese pensamiento autocrítico que aprendimos inicialmente de los judíos, toda religión se vuelve idólatra y egocéntrica. Pero, si bien la Reforma trató de reformar la situación, la suya no fue fundamentalmente una recuperación de la tradición contemplativa. Antes bien, el cristianismo se volvió aún más impetuoso, más retórico, más discutidor que antes. Y, como se sabe, aquel acontecimiento estuvo acompañado por la invención de la imprenta, que tuvo como efecto fomentar en el hemisferio izquierdo del cerebro, en las dos modalidades (la buena y la mala), el pensamiento racional. Era algo que tenía que suceder. Teníamos que pasar por ello.

Pero ahora parece que hemos llegado al final de estos cinco siglos de interminable disputa dentro del cristianismo, de la que el mundo ya está más que cansado y a la que no quiere prestarle más atención. Las cuestiones históricas sobre las que nos encontramos divididos ya no interesan a casi nadie, ni a las personas de dentro ni a las de fuera. A las de fuera debe de resultarles muy difícil tomarnos en serio: cada grupo cristiano sostiene ser el único al que Jesús ama realmente, el único que lo sigue correctamente, toda vez que revelamos muy poco del flujo de vida místico, dinámico, trinitario, y de la vida entre nosotros, dentro de nosotros o proyectada a los demás.

Es del todo lógico y natural que los cristianos nos encontremos hoy a la defensiva. En efecto, el Occidente secular no deja de solicitarnos: «Mostradnos el fruto, mostradnos el futuro». ¿De dónde vinieron las dos guerras mundiales? No vinieron de la pagana Asia, como habíamos imaginado, sino de un continente más pequeño que los cristianos creíamos tener prácticamente «en el bote». Todos éramos católicos y cristianos en esa pequeña parte del mundo que se llama Europa. Y sí, fue ahí donde surgieron las guerras mundiales; fue ahí donde tuvo lugar el Holocausto y donde unos pueblos formados en la tradición cristiana se mataron unos a otros dos veces consecutivas en un solo siglo, unos pueblos cuyas preferencias y colonias son tal vez hasta la fecha las más materialistas del mundo. «¿Qué fue del Jesús de ustedes, su ideal y maestro?», se preguntó y debe seguir preguntándose el mundo.

Irónicamente, la práctica de tantos siglos de antisemitismo en la mayor parte de Europa, que preparó el terreno al Holocausto, se parece mucho a matar al propio abuelo. Al separarnos de nuestro abuelo —es decir, de nuestra herencia judía— sin ni siquiera saber que era nuestro abuelo, terminamos matando a ese mismo al que debíamos haber honrado y amado. Esto, que podría calificarse de esquizofrenia cultural, permanecerá para siempre como un juicio masivo sobre la inmadurez del cristianismo occidental y nuestra increíble incapacidad para dar en el blanco. También podemos considerarlo como el pernicioso y definitivo fruto del pensamiento dualista, que busca siempre un enemigo, un chivo expiatorio sobre el que volcar los males propios, primigenios.

Cuando perdemos la mente contemplativa, o la conciencia no dual, creamos invariablemente personas violentas. Como la mente dualista es impenitentemente discutidora, creamos un continente sumamente discutidor, que después exportamos a América del Norte y del Sur. Esto lo vemos en la política; pero también lo vemos en la incapacidad de la Iglesia para crear un sincero diálogo interreligioso. ¡Pero si no somos ni siquiera capaces de hacerlo a nivel intrarreligioso! Los baptistas siguen considerando a los anglicanos unos «perdidos», los evangelistas siguen tachando a los católicos de «ramera de Babilonia», y los católicos seguimos tildando a todo el mundo de herético. Y así, cada uno de nosotros nos escondemos en nuestros pequeños y autocomplacientes círculos. ¡Qué pérdida de tiempo y de preciosa «energía divina»… mientras el mundo sigue sufriendo y desmoronándose! Hemos dividido a Jesús.

La maravillosa filósofa y activista francesa Simone Weil, que vivió siempre en la frontera entre el cristianismo y el judaísmo, quiso que su vida misma fuera un puente: amaba a las dos religiones sin ser capaz de quedarse únicamente con una de ellas. Su gran mensaje fue que el cristianismo se había convertido lamentablemente en una religión separada en vez de reconocer que el mensaje profético de Jesús era necesario para la reforma y autenticidad de todas las religiones.

Pero los cristianos convertimos el cristianismo en una competición, y ya se sabe que cuando uno participa en una competición tiene que dominar el arte de la palabra; así, pronto nos tornamos agresivos y sumamente violentos, y, lo más triste del caso, ¡en nombre de Dios! Pero si no se cortan de raíz los pensamientos y los sentimientos —que es lo que hace la oración contemplativa—, se produce la consabida secuencia: los pensamientos se convierten invariablemente en palabras, las palabras en acciones, las acciones en hábitos, los hábitos en carácter y el carácter en el destino final.

Sin embargo, yo mismo tuve la suerte de verme expuesto a ello como franciscano, y no puedo dudar —ni negar— que siempre estuvo presente una corriente más profunda, la corriente de la contemplación. Nunca fue la corriente principal; esto es algo que tenemos que reconocer con toda sinceridad. En efecto, fue relegada a una posición minoritaria. Todavía hoy, cuando hablamos a la mayoría de los cristianos sobre la contemplación, esta palabra suele sonarles como algo herético, nuevo o innecesario.

Cuando conocemos la Tradición (con mayúscula), la perenne tradición judeocristiana, y descubrimos esta corriente más profunda, es muy fácil comunicarnos con los hermanos y hermanas de las otras tradiciones confesionales. Entonces podemos hablar a partir de una base común. Yo me formé en la tradicional teología ortodoxa católica, y he de decir que, a nivel contemplativo, esta tradición judeocristiana me enseñó a honrar la visibilidad y revelación de Dios en todas las tradiciones del mundo. Parece una paradoja, pero no lo es en absoluto. Cuando llegamos a lo más profundo de algo, invariablemente nos topamos con la corriente subterránea más profunda y común.

Nuestra Living School de Albuquerque, Nuevo México, trata de llevar de nuevo a Occidente a la que llamamos la Tradición Perenne, a la corriente subterránea que todos compartimos. Eso no significa alentar a la gente a abandonar su propia tradición materna. Hay que conocer las normas antes de poder infringirlas propiamente hablando. Hay que ser fieles a —y responsables de— una Tradición, como tanto han insistido el Dalái Lama y la madre Teresa. De lo contrario, el decididor será siempre nuestro ego, y nos moveremos fuera del Cuerpo Vivo de Cristo.

En esa corriente más profunda y subterránea, el silencio es mucho más factible porque sabemos que en definitiva todas las palabras son inadecuadas, todas las palabras son defectuosas, todas las palabras son «sí y también». Yo creo que si pudiéramos rodear nuestras religiones de esa especie de humildad, de esa especie de paciencia, este coloquio nos parecería a todos más distendido y natural.

Respuestas al padre Rohr por parte de representantes de otros credos

Rajiv Mehrotra, cineasta y productor independiente, es fideicomisario principal del Public Service Broadcasting Trust y presidente de la Media Foundation, así como fideicomisario fundador de la Foundation for Universal Responsibility de su santidad el Dalái Lama

Permítame que le diga, padre Richard, que me parece usted excesivamente duro con su fe. Como ya dije antes del descanso, creo que, cuando miramos a todas las tradiciones, la aspiración metafísica es esencialmente una aspiración marginal en todas ellas.

Volviendo a su santidad (el Dalái Lama), siempre ha sentido una profunda admiración por la tradición cristiana, particularmente por su tradición de servicio y compasión, de mano tendida para ayudar a la gente, y repite a menudo que esto es algo que los monjes y monasterios tibetanos deberían tener presente y tratar de imitar.

Dicho lo cual, cuando visité la cafetería después del descanso, escuché la siguiente conversación: «¿Por qué no hablan de la oración? ¿Por qué no hablan de la acción, de manifestar compasión en la acción?». Creo que los que pertenecen a las tradiciones orientales han luchado duro por conseguir otras predisposiciones mentales y han insistido en que la búsqueda de la acción y el alejamiento del misticismo afectó nuestra predisposición mental y nuestra proclividad. Es lo que se llama *karma yoga:* realizar acciones desapasionadas, distanciándonos de los frutos de la acción, lo cual nos permite realizar una acción correcta. En vocabulario tibetano, su Santidad hablaría de motivación, de la importancia de la motivación en las acciones que uno realiza.

Usted ha hablado de Dios y del valor de las relaciones, de la importancia de la comunidad en cuanto a fomentar el silencio, y creo que el rabino (Arthur Green) podría hablar también de la noción del *Sabbath,* del silencio comunitario. En el budismo se presta mucha importancia a que el Dios Sol tenga una comunidad que permita y fomente el cultivo del silencio. ¿Compartiría eso con nosotros?

Rabino Arthur Green, rector de la Hebrew College's Rabbinical School

Todos tenemos mucho que aprender unos de otros, y los que pertenecemos a la tradición judía, que respetamos particularmente el aspecto contemplativo de nuestra tradición y el aspecto místico, estamos muy agradecidos a la Iglesia católica por haber conservado esta tradición mística durante tantísimos años.

Dios es un verbo. El nombre hebreo para designar a Dios, que yo sigo sin pronunciar, pero que en inglés se transcribe como YHWH —si tuviera delante una pizarra se lo mostraría mejor— es una compilación imposible del verbo «ser»: *Haya* es el pasado, *hove* el presente y *Yihiye* el futuro. Si tomamos a la vez pasado, presente y futuro y lo recomponemos en una forma fija, que no existe, obtenemos YHWH, el nombre de Dios. Lo cual debería traducirse no por Dios, sino por «Es lo que será». «Es era será», todo a la vez. Como, por supuesto, no podemos decir eso, lo sustituimos por esas letras... Es demasiado sagrado para ser pronunciado por unos simples mortales como nosotros.

Cuando Moisés va a Egipto, Dios le revela el nombre y Moisés le dice: «Si el pueblo me pregunta cuál es tu nombre, ¿qué les responderé?», y Dios le contesta: «Yo soy el que soy» o «Yo soy el que seré», lo que significa:

Yo soy realmente un verbo, he ahí mi nombre. Pero si creéis que ese nombre es un sustantivo, es decir, que podéis meterme en una cajita y decir «tengo a Dios», yo seré lo que seré. Yo iré conjugándome, haciéndome verbo de nuevo. Me iré volando, siendo verbo de nuevo. Yo seré un verbo, es decir, yo soy el que no podéis atrapar, yo soy el radicalmente inaccesible.

Por supuesto, el trinitarismo no es nuestro problema, no es nuestro lenguaje.

Yo creo que el tema que deberíamos abordar en nuestra conversación es el de Oriente/Occidente. ¿Cuál es el punto de encuentro entre nuestro monoteísmo occidental y el monismo que subyace en gran parte de la religión oriental, que usted y yo parecemos conocer bien, y que todos parecemos saber que existe en nuestras tradiciones contemplativas igualmente? ¿Cómo construir un puente entre, por una parte, el lenguaje monoteísta, heredado por los que nos sentamos en este extremo de la mesa —los occidentales—, y, por la otra, la verdad que sabemos que se oculta detrás del mismo, la verdad de que solamente hay uno?

Esto es una parte de lo que debería estar sobre nuestra mesa, lo cual tiene algo que ver con los caprichos de la violencia y la competencia, pues mientras exista un solo Dios, que es mi Dios y no el tuyo, cuando únicamente existe uno, ya no queda mucho margen para seguir hablando.

Seyyed Hossein Nasr, profesor de Estudios Islámicos de la Universidad George Washington, Washington, D.C.

Quisiera hacer dos comentarios sobre algo que me parece crucial para la comprensión entre distintas religiones. Uno es sobre que Dios es un verbo y otro sobre que la Trinidad es una realidad suprema. Yo hablo aquí a la vez como humilde estudiante de religión y como musulmán que conoce muy poco del pensamiento islámico.

El verbo está siempre ligado al tiempo. El verbo implica tiempo. Decir que Dios es un verbo es temporalizar a Dios. Dios no puede ser un verbo en el sentido corriente de la palabra; de la misma manera que podemos referirnos a Dios con cualquier pronombre, como yo, tú, él/ella, etcétera, etcétera; de la misma manera que Dios trasciende todas las partes de la oración e incluye todas las partes de la oración. No puede reducirse a una sola parte de la oración. Eso es metafísicamente absurdo.

En segundo lugar, el trinitarismo o la Trinidad implica relación, y la relación implica relatividad. Si Dios es solamente relación, entonces ya no es absoluto: al Principio Divino se le quita su carácter absoluto, algo que ninguna metafísica hindú —pienso por ejemplo en Shankarananda— aceptaría nunca.

Hablando desde mi propia tradición, Dios no puede ser relativo. Lo Absoluto no puede ser relativo. Si no hay un absoluto, entonces la relatividad como tal debería empezar a significar una relación con algo más allá de sí misma.

Estos comentarios profundos de Richard Rohr —y yo entiendo el punto de partida del padre franciscano— son muy importantes. Muchos teólogos cristianos hablarán ahora de que

Dios es relación. Pero si es solamente relación, se niega el estatuto de Dios como ser. Y entonces ya no disponemos de la metafísica para hablar de manera seria sobre la divinidad y su relación con nosotros.

Ciertamente, la tradición islámica en todas sus distintas escuelas —la sufí y las filosóficas— está en contra de esta tesis, y al mismo tiempo entiende que Dios es siempre vida, y por eso hay vida divina. Dentro de la divinidad, es a eso a lo que se alude: hay vida divina. Las palabras *Al-Hai* y *Al-Muhyi,* es decir, la vida y el dador de la vida, son dos nombres divinos mencionados en el Corán.

Como humilde comentador de lo que se ha dicho, espero, por supuesto, que un día, con un gran auditorio como este, se aborden las importantes y profundas cuestiones teológicas de qué es lo que realmente supone para nuestros sistemas de fe cambiar nuestras descripciones de la divinidad de masculino a femenino o de nombre a verbo.

3. El verdadero yo es la compasión, el amor mismo[*]

Alos cristianos que han llegado a sus propias profundidades —algo que, siento decirlo, no es muy común—, se les revela una Presencia constante e íntima, que podría incluso ser experimentada como la que Martin Buber llama una relación «yo-tú». Es un «sí» profundo y amante, que permanece inherente dentro de nosotros. En la teología cristiana, esta Presencia interior se suele describir como el Espíritu Santo, que es Dios en cuanto inmanente, Dios dentro de nosotros, e incluso Dios como nuestro yo más profundo y verdadero.

[*] Extracto de la charla impartida por Richard Rohr en el marco del Festival of Faiths el domingo 19 de mayo de 2013. Tras las observaciones del padre Rohr y de otros ponentes, su santidad el Dalái Lama dio una charla sobre la compasión silenciosa en el Yum Center de Louisville, Kentucky. Esta charla, autorizada previamente por el Comité del Dalái Lama, sería una verdadera declaración de principios de la tradición cristiana, pero también una declaración con la que las otras confesiones podían estar de acuerdo.

Algunos santos y místicos han calificado esta Presencia como algo que está «más próximo a mí que yo mismo» o que es «más yo que yo mismo». Muchos de nosotros la describiríamos también, a tenor de la formulación de Thomas Merton, como el Verdadero Yo. Y sin embargo, es una Presencia que debe ser despertada y elegida. El Espíritu Santo se nos da por completo, y se da por igual a todos; pero también tiene que ser recibido. A quien recibe totalmente esta Presencia y vive a partir de ella lo llamamos santo.

Es así como la «imagen» se convierte en «semejanza», por utilizar las dos famosas palabras que aparecen en la creación de los humanos (Génesis 1,26-27). Todos tenemos una imagen que habita en nosotros, pero a la semejanza nos entregamos en grados y estadios diferentes. Ninguno de nosotros es moral ni psicológicamente perfecto o completo (al menos yo no he encontrado nunca a nadie así), pero un santo o místico se atreve a creer que él o ella es ontológicamente («en su mismísimo ser») completo, y que esto constituye enteramente un don de Dios: ¡Esto no tiene nada que ver conmigo!

El Espíritu Santo nunca es una creación de nuestras acciones o conductas, antes bien, mora de manera natural en nosotros, es nuestro estar con Dios. En la teología católica llamamos al Espíritu Santo «la Gracia Increada». La cultura e incluso la religión nos enseñan a menudo a vivir de nuestro falso yo, hecho de reputación, imagen personal, rol, posesiones, dinero, apariencia, etcétera. Solamente a medida que esto nos va faltando, y siempre acaba faltándonos, se nos revela el Verdadero Yo y se muestra dispuesto a guiarnos, si bien algunas almas iluminadas se entregan mucho antes a esta verdad y presencia.

El Verdadero Yo, más que enseñarnos compasión, es la compasión propiamente dicha. Y es a partir de ese lugar más espacioso y fundamentado como uno conecta, empatiza, perdona y ama grosso modo todas las cosas. Nosotros fuimos hechos en el amor, para el amor y hacia el amor. (Esto está actualmente respaldado incluso por pruebas científicas y biológicas; en efecto, vemos que nuestro cerebro neomamífero encierra emociones positivas de *contento y deseo de criar*. Podemos verlo funcionando de manera natural en todos los mamíferos, que viven su vida pacíficamente, alimentando y protegiendo a sus crías y aceptando el hecho inevitable del sufrimiento y de la muerte de manera mucho más natural que nosotros, que estamos provistos de una caprichosa neocorteza cerebral que quiere ordenarlo y explicarlo todo).

Este profundo «sí» interior es Dios en mí, es Dios amante a través de mí. El falso yo no sabe realmente cómo amar de un modo profundo y amplio. Es demasiado oportunista. Es demasiado pequeño. Es demasiado autorreferencial para ser compasivo.

El verdadero Yo —donde nosotros y Dios somos uno— no elige amar pues ya es amor de por sí (véase Colosenses 3,3-4). Amar desde este vasto espacio se asemeja a —y se experimenta como— un río que corre dentro de nosotros con total fluidez (véase Juan 7,38-39).

4. Mirar en la oración con ojos contemplativos[*]

Esquematizando un poco, hablar de misticismo es hablar de un conocimiento de Dios *experiencial* en vez de un conocimiento de Dios meramente mental o cognitivo. Cuando experimentamos realmente lo divino, pasamos naturalmente a un nivel de conciencia más elevado (o profundo). Cuando la mayor parte de la gente oye la palabra *místico* piensa que significa algo imposible para la mayoría de nosotros, o solamente disponible para quienes llevan veinticinco años entregados a una vida ascética. Pero no, los encuentros místicos los pueden tener personas que son todavía débiles y pecadoras, como deja bien claro Jesús en muchos pasajes evangélicos (el hijo pródigo, la mujer «que era

[*] Extracto de la entrevista realizada por Mark Lombard al padre Richard Rohr inmediatamente después de la conferencia que pronunció en Santa Fe, Nuevo México, sobre el tema «Franciscan Mysticism: I Am That Which I Am Seeking» («El misticismo franciscano: yo soy lo que ando buscando»), publicada en la revista *St. Anthony Messenger* en octubre de 2012.

una pecadora» o la parábola del publicano y el fariseo, por ejemplo).

Un momento místico o unitivo no es algo a lo que se pueda acceder con el hemisferio izquierdo del cerebro, sino con todo el cerebro —con ambos hemisferios, derecho e izquierdo— y el corazón, es decir, con el cuerpo y el alma juntos. ¡Es un intuitivo asir la totalidad mediante la totalidad! Esto es lo que lo hace tan convincente y transformador.

Dios es una palabra más para designar el núcleo de todas las cosas y la totalidad de las cosas en su más precisa interconexión. Cuando decimos que amamos a Dios estamos diciendo que amamos todo. La religión inmadura deviene en una excusa para no amar toda una serie de cosas, lo que revela que no tenemos aún una auténtica experiencia de Dios. La religión rígida y la religiosidad compulsiva, toda religión que no ame, es un signo muy claro de que *no* hemos encontrado a Dios. Una vez que hemos tenido una experiencia unitiva con Dios, con la realidad o incluso con nosotros mismos, nuestra vida mostrará invariablemente dos cosas: una confianza sosegada y una gratitud alegre.

Por eso los místicos pueden amar a sus enemigos, por eso pueden amar al extranjero, al forastero, al que no es de aquí, al marginado. No hacen las distinciones que hace la religión de bajo nivel. La religión de bajo nivel es más tribal, es un constructo social para mantener cohesionado a un grupo concreto. Hay quien piensa de esta manera: «Soy católico porque soy irlandés» o «soy católico porque soy italiano». Esto es una simple identificación grupal, muy alejada de la experiencia mística y que a menudo se convierte en una evitación de esta, algo que echa en cara Jesús a sus compatriotas judíos que pretenden ser superiores por ser «hijos de Abraham» (Lucas 3,8); y en otra ocasión dice también que las piedras debajo de sus pies podrían ser más fructíferas que el fútil empeño por privilegiar al grupo o a la sangre (Mateo 3,9).

La religión organizada y la senda mística

La religión organizada es un ejemplo de encarnación. Tenemos que empezar por lo particular para llegar a lo universal. Tenemos que empezar por lo concreto. Así, necesitamos de una especie de tanque de retención, de contenedor que nos mantenga en un solo lugar el tiempo suficiente para aprender lo que son las verdaderas preguntas y enfrentarnos a ellas. Esto es lo que hace para nosotros la religión organizada. Se puede decir que casi se necesita cierta forma de religión para llevar adelante la Gran Tradición, para disponer al menos de las palabras justas que nos digan que la experiencia mística es incluso deseable, o en cierto modo posible. De lo contrario, tendremos que empezar de cero y tomar las direcciones más ridículas, como vemos que ocurre a menudo en nuestro tiempo. La religión organizada es un sistema de rendición de cuentas que ejerce presión sobre nosotros el tiempo suficiente para que sepamos cuáles son las verdaderas cuestiones, quién podría ser Dios y cuáles podrían ser nuestras limitaciones.

Así, en mi vocabulario personal (entiéndase solamente esto) la religión organizada es muy buena y casi enteramente necesaria para lo que yo denomino la primera mitad de la vida.[16]

Lo malo es que la religión organizada suele decirnos que la unión mística con Dios es posible pero que... ¡es mejor no esperarla! Pues está destinada únicamente a personas especiales. Esto hace que los momentos místicos adquieran un sello elitista y distante, como si solamente estuvieran disponibles muy de vez en cuando y exclusivamente para unos pocos.

La religión organizada resulta a menudo problemática —cuidado, no estoy diciendo equivocada, sino problemática— cuando entramos en la segunda mitad de la vida, pues en la mayoría de los casos no suele contestar a las preguntas que hace el alma. Muchas personas han encontrado diversas formas de *paraiglesia,* como es el caso de los franciscanos. Pero no todo el mundo está llamado a ser sacerdote o monja, ni siquiera a la

16 Richard Rohr, O.F.M., *Falling Upward,* San Francisco, Jossey-Bass, 2011, capítulo 3.

tercera orden franciscana. Necesitamos encontrar algún modo de aprender, estudiar o rezar en paralelo a nuestra comunidad de culto, algún modo de agrupamiento paraeclesial, como el que hoy llaman algunos «iglesia emergente».[17] El servicio dominical solo raras veces lleva a la gente a viajes más profundos o incluso reales; debemos empezar a abordar esta cuestión con total sinceridad.

Lo único que la religión organizada puede hacer es mantenernos dentro del «cuadrilátero» (utilizo una metáfora de boxeo) el tiempo suficiente para que podamos empezar a hacer buenas preguntas y esperar respuestas mayores. Pero pocas veces nos enseña a boxear realmente mediante el misterio propiamente dicho. ¡La religión organizada no busca «cocernos del todo»!, simplemente nos mantiene a fuego lento, a un fuego tibio. No nos enseña a esperar que el misterio se revele a un nivel profundo. Tiende, y no pretendo ser quisquilloso, a tornarnos dependientes de su propio ministerio en vez de llevarnos *a conocer algo por nosotros mismos*, que es de lo que se trata realmente.

Es como si dijéramos una y otra vez: «Sigue volviendo, sigue volviendo», que al final lo conseguirás. Pero no lo conseguimos porque todo está orientado a algo a lo que asistimos u observamos y no a algo en lo que podemos participar

17 Richard Rohr, O.F.M. y otros, «What is the Emerging Church», audio, Center for Action and Contemplation.

las veinticuatro horas del día, aun sin la intervención de los sacerdotes/ministros o de los sacramentos formales. Repito que no pretendo faltar al respeto a nadie. Si la experiencia de Dios depende del ministerio sacramental formal por parte del clero ordenado, entonces más del 99,9 por ciento de la creación se ha visto privado de toda posibilidad de conocer y amar a Dios. Y eso no puede ser cierto.

Y si el clero como tal no ha hecho un viaje ulterior, entonces no sabrá dirigirnos o guiarnos hasta allí como quiera que él no ha ido antes allí (véase Mateo 23,13). *Nemo dat quod non habet*, decíamos en latín («nadie puede dar lo que no tiene»).

La senda mística y la vida cotidiana

El padre Karl Rahner habla de «misticismo de la vida cotidiana». Es una buena frase. Tenemos que abandonar la costumbre de hacer del misticismo algo que solamente se puede dar entre célibes, ascetas y monjes.

Es precisamente lo que Francisco procuró hacer: llevar de nuevo la vida religiosa a las calles, al laicado, a la parroquia normal, a los que siempre se ha intentado que parezcan ciudadanos del reino de tercera clase.

Necesitamos que se nos ofrezca un nuevo sistema operativo. No importa lo que hagáis, no podéis acercaros a vuestro trabajo cotidiano, a vuestro quehacer cotidiano, a vuestra familia... con la que yo llamo una mente dualista, una mente enjuiciadora, comparativa, competitiva, en la que la mayoría de nosotros estamos bien entrenados, hasta tal punto que creemos que es la única mente que existe.[18]

Jesús se refiere también a esta mente enjuiciadora. Por ejemplo, cuando dice: «No juzguéis» (Mateo 7,1). Tal vez deberíamos decir simplemente: «No encasilléis, no pongáis etiquetas». Es una manera de controlar, y a menudo una manera de jugar a ser superiores. La mente enjuiciadora trata de conocerlo todo comparándolo con cualquier otra cosa. Pero comenzar así es empezar dando un primer paso negativo. Dicha mente dista mucho de conocer las cosas en sí mismas, por sí mismas y para sí mismas. Estos intentos de conocer —intentos de bajo nivel— nunca nos acercarán a la experiencia mística. Por eso los grandes maestros espirituales siempre tienen alguna forma de «no juzgar». La mente enjuiciadora es demasiado autorreferencial y cierra de golpe cualquier horizonte que esté abierto.

La primera palabra con la que se designó esta mente diferente, esta consciencia alternativa —pues eso es lo que es— fue simplemente la

18 Richard Rohr, O.F.M., *The Naked Now...*, *op. cit.*, capítulos 4-6.

oración. Esta palabra ha sido tan mal empleada y tan trivializada que ha acabado significando solamente la oración rogativa, la oración leída, la oración social (liturgia) o la oración recitada. Siento decir que a los católicos se nos conoce a menudo por esto, por aprender fórmulas y recitar fórmulas y más fórmulas. Muchos de nosotros tuvimos que dejar de usar la palabra *oración* y usar en su lugar la palabra *contemplación* para que los demás supieran que estábamos hablando de algo distinto.

No estoy diciendo que la oración con fórmulas sea una equivocación, sino que eso no es lo que enseñaron los Padres y Madres del Desierto durante los primeros trescientos o cuatrocientos años de cristianismo. No es el sentido original de la oración. Esto lo podemos ver en las numerosas y largas retiradas de Jesús a la soledad del desierto, y en el hecho de que los discípulos tienen que pedirle insistentemente que les enseñe lo que nosotros llamamos el padrenuestro (Lucas 11,2). No es por la oración en el templo o por la oración social por lo que se conoce a Jesús, aunque desde luego no se oponía a ella, a menos que se volviera demasiado ritualista, legalista o transaccional, como vemos cuando arroja a los mercaderes del templo. El evangelio dice que Jesús y los discípulos «cantaban juntos los salmos» (Marcos 14,26; Mateo 26,30), es decir el *hallel* o los salmos 113-118, que abrían y cerraban la Cena de Pascua.

La oración es mirar desde o con una perspectiva diferente, no con ojos comparadores, competidores, juzgadores, etiquetadores o analizadores sino receptores del momento en su completitud e incompletitud presentes. Esto es lo que yo quiero decir por contemplación. Se necesitan muchos años de práctica para abandonar nuestro pensamiento normalmente dualista y permitir que una oración no dual, receptiva, se convierta en nuestro modo de consciencia primario.

Para muchos la oración sigue limitándose a recitar el padrenuestro y el avemaría: y no pretendo menospreciar estas oraciones, especialmente cuando son el fruto hablado de una oración profunda. Pero conozco a muchos católicos que han recitado el padrenuestro y el avemaría toda su vida, a sacerdotes que han dicho misa toda su vida…, y no saben orar. Con esto no pretendo emitir un juicio contra ellos, pues nadie les enseñó otra cosa. Es más bien el fruto de una tristeza profunda porque sé que, sin acceso a la corriente más profunda, sus vidas, su celibato, su ministerio tendrán más que ver con la función que con la unción, por citar las palabras del papa Francisco pronunciadas recientemente ante un grupo de sacerdotes.

El objetivo de la oración, como convendrá cualquier buen cristiano, es darnos acceso a Dios y permitirnos escuchar realmente a Dios, si no es presuntuoso hablar en estos términos. Pero, sobre todo, oramos para poder experimentar por nosotros mismos la Presencia constante, interior. En realidad, nosotros no oramos, sino que es la oración la que vive en nosotros (véase Romanos 8,26-27); nosotros nos limitamos a permitirla, y a disfrutarla.

La única manera de hacer esto es trabajar para mantener el campo abierto, sí, para permanecer abiertos a la gracia. ¡Qué paradoja tan grande! Sin embargo, esto no significa que la gracia no pueda irrumpir en cualquier momento y lugar. De hecho, esto es lo que más suele ocurrir. Pero queremos disfrutar de los frutos de la gracia las veinticuatro horas del día y no únicamente de vez en cuando.

Si procedemos con el hemisferio izquierdo del cerebro, si procedemos con la mente enjuiciadora, calculadora, dualista, no tendremos acceso al Espíritu Santo porque lo único que entrará entonces es lo que ya creemos, eso con lo que ya estamos de acuerdo, eso que no nos amenaza. Y Dios es por definición lo *desconocido*, lo siempre misterioso, lo que está más allá, y aún más allá. Así, si no estamos preparados para más, para el misterio, ¡cómo vamos a estar preparados para Dios! Nuestra válvula de admisión estará completamente estancada e hiperprotegida.

La contemplación es un pensamiento no dual; se da cuando no dividimos el campo del momento entre lo que ya conocemos y lo que ya no conocemos, como si fuera algo totalmente equivocado, herético o pecaminoso. Mucho me temo que el pensamiento dualista es el modo corriente de pensar; por supuesto, las pruebas las podemos encontrar casi en todas partes, especialmente en la religión y en la política. Por eso no podemos hablar de manera significativa en estos campos divididos.

¿Podemos trivializar la oración?

Cuando hay mucha gente rezando por lo mismo y aparentemente al mismo tiempo, existe la tendencia a pensar que la oración va a doblegar el brazo de Dios. «Más es siempre mejor», parece ser la máxima que rige. Pero entonces ya no estoy amando ni sirviendo realmente a Dios; estoy tratando de conseguir que Dios se ponga de mi lado y me dé lo que deseo. No se necesita amor ni entrega; antes bien, a menudo se trata solamente de un deseo disfrazado de controlarlo todo. La noticia maravillosa es, por supuesto, que Dios ya está de mi lado, por lo que tanto quebradero de cabeza resulta fútil, una pérdida de tiempo. Es otra manera de tratar de manipular el misterio, como si pudiéramos hacerlo…
Hay sin duda una buena dosis de compasión en pedir a Dios, por ejemplo, que cure a nuestra abuela —un ruego hermoso, qué duda cabe. Pero seguimos siendo nosotros los que ocupamos el asiento del conductor, intentando que Dios ocu-

pe el asiento del copiloto, cuando a Dios solamente se le puede confiar el papel principal, la conducción propiamente dicha. Así, primero debemos escuchar la posible voluntad de Dios y no la nuestra, y solamente después podremos orar en el Espíritu.

Jesús nos advierte contra esta oración verbal en algunos pasajes evangélicos: «Cuando oréis, no ensartéis palabras y palabras, como los gentiles, porque se imaginan que a fuerza de palabras van a ser oídos» (Mateo 6,7). También nos aconseja no decir a Dios lo que él sabe mejor que nosotros mismos (6,9). Al respecto debo decir que, en la misa, las oraciones formales de los católicos muchas veces suenan más a comunicados o declaraciones que a verdaderas oraciones, sobre todo porque se hacen en tercera persona y no se dirigen de forma activa como si Dios estuviera en la sala (o presente), algo que nos llevaría a rezar en segunda persona (¡tenemos que ir a una iglesia pentecostal o negra para oír esto!). En el mismo evangelio Jesús nos advierte también contra la excesiva práctica de la oración en público (6,5), la cual busca una excesiva rentabilidad social. Debemos ser sinceros y admitir que no hemos seguido el consejo básico de Jesús sobre la oración, y que, de hecho, con frecuencia lo hemos desobedecido simplemente.

Jesús nos dice que pidamos a Dios lo que queremos (Mateo 7,7-11), con lo que parece confirmar la que llamamos oración suplicante o de intercesión. ¿Por qué dice —dijo— esto Jesús? No debemos convencer a Dios de lo que queremos. No hay necesidad de anunciárselo puesto que él conoce y se preocupa por el sufrimiento más que nosotros mismos.

Yo creo que la oración de intercesión es importante porque necesitamos oír en voz alta nuestros propios pensamientos y palabras. Necesitamos subir a bordo con lo que esperamos que sea la voluntad de Dios y lo que puede ser perfectamente la voluntad de Dios. Es un ejercicio de participación, de afecto unitivo con Dios, de eso que Pablo llama colaboración divina y humana (Romanos 8,28). Dios no necesita nuestras oraciones tanto como *nosotros necesitamos decirlas* para poder conocer la voluntad y el deseo más profundo de Dios —*y los nuestros propios.* Nuestras oraciones no hacen, por así decir, sino secundar la moción.

La primera moción es siempre del Espíritu de Dios, que opera en el alma haciendo que nos preocupemos por el sufrimiento y las necesidades humanas. Así, cuando oramos sinceramente, Dios ya nos ha hablado a nosotros, por lo que nosotros estamos diciendo simplemente «sí» a algo que Dios quiere incluso más que nosotros mismos. Por eso la oración nos lleva a enamorarnos de Dios, porque sabemos que no somos nosotros los que estamos haciendo esta cosa buena: esta se nos hace a nosotros y a través de nosotros.

También parece ser que no conocemos del todo nuestras propias necesidades, sentimientos, pensamientos hasta que los hemos dicho. Por eso debemos seguir orando «con gemidos inenarrables» (Romanos 8,23) hasta que nuestras oraciones reflejen el —mucho más profundo— afecto de Dios y descubramos que nuestra voluntad y la de Dios son finalmente la misma.

¿Se encuentra la felicidad en la senda del misticismo?

He aquí una imagen que muchos han ofrecido antes que yo: no se coge una mariposa cazándola; no, sino que nos sentamos en silencio y la mariposa se posa entonces sobre nuestros hombros. No encontramos la felicidad buscándola directamente, pues eso nos deja demasiado autocentrados; en este caso, todo sigue girando alrededor de nosotros, aunque no lo sepamos todavía. «Hoy voy a ser feliz», pensamos. Sin duda hemos tenido días así, en los que nos damos cuenta de que estamos esforzándonos demasiado en conseguir algo. Eso indica que somos demasiado conscientes de nosotros mismos, demasiado intencionales. La consciencia del ego sigue estando al timón de la nave.

Recordemos lo que dije antes sobre el viejo cerebro mamífero. El contento profundo es algo en lo que entramos, no algo hacia lo que tendamos conscientemente de manera porfiada. ¿No hemos notado lo rápido que pasa la felicidad producida por algo que hemos alcanzado demasiado deprisa? Lo que solemos hacer entonces es crear otra meta supuestamente más elevada. Existe una sensación de inquietud —y de derrota— inherente a la búsqueda consciente de la felicidad. La felicidad se mueve más bien en el ámbito del regalo y de la sorpresa, como una paloma que se posa o como una lengua de fuego, y sin duda es por eso por lo que empleamos estas metáforas para referirnos al Espíritu Santo.

La felicidad se define muy a menudo de una manera egoísta, y de este modo nunca podrá funcionar mucho tiempo. Primero, como niños, definimos la felicidad de una manera fundamentalmente sensorial, como una comida que gusta mucho, una habitación de hotel estupenda o una experiencia sexual maravillosa. Lo cual es perfectamente comprensible. Pero todas estas cosas, por sí mismas, no nos hacen felices. Si no introducimos la felicidad en la habitación del hotel no podremos ser felices. Solamente estaremos a gusto unos minutos. Pero si ya estamos contentos y felices, entonces, aunque estemos en una habitación mediocre, o incluso en una habitación cochambrosa, seremos capaces de decir: «Hoy me siento feliz y contento».

A veces, las cosas sencillas pueden brindarnos una mayor y más profunda felicidad precisamente por saber que estamos abrevándonos de un pozo y un río más profundos, a los que podemos tener acceso en todo momento sin necesidad de una comida en un restaurante de lujo o de una experiencia sexual fantástica.

La felicidad es siempre un don fruto de haber buscado primero la unión o el amor. *Si el amor es nuestra meta real y constante, nunca podremos fracasar realmente,* y la felicidad vendrá de manera mucho más fácil y natural. Por favor, pensemos en esto, y veremos que es cierto.

La meta purificadora del misticismo es nada menos que la unión divina. La meta de la oración es la unión divina, la unión con lo que es, con el momento, con nosotros mismos, con lo divino, es decir, con todo. Cosas tales como estar sanos, crecer y vivir felices son sin duda maravillosos subproductos de la oración, pero no deben ser nuestra preocupación primordial, pues eso contaminaría todo el proceso. No nos empeñemos en que la meta del misticismo o de la oración sea nuestra felicidad personal. Esto constituiría el punto de referencia («quiero ser feliz»). La purificación de la motivación es algo absolutamente fundamental. Pero sin duda por no haber insistido suficientemente en esto nos topamos con mucho esfuerzo eclesial que no es sino puro interés personal disfrazado (como una prima de seguro a todo riesgo), sin nada que ver con el verdadero amor de Dios.

En mi calidad de sacerdote, soy consciente de que la mayor parte de las oraciones oficiales de la liturgia sacramental católica son más o menos de este tenor: «Ojalá vaya al cielo». ¿No me creéis? Comprobadlo. ¡Ah, como si no hubiera en el mundo preocupaciones más importantes o necesidades más acuciantes que mi eterna «cobertura» personal! No entiendo cómo los sacerdotes siguen recitando día tras día unas oraciones tan autocentradas e individualistas. Si es verdadera la máxima de *lex orandi, lex credendi* (el contenido de la oración es el contenido de la fe), no hemos de extrañarnos de que el pueblo cristiano saque una nota tan baja en preocupación por el sufrimiento del mundo, y haya amparado tantas guerras e injusticias en esta tierra. ¡Es que no le enseñamos a orar!

Si buscamos la unión con Dios y con todas las cosas, a buen seguro que se posará la mariposa con suavidad y firmeza sobre nuestros hombros. Entonces la felicidad vendrá como un maravilloso corolario y conclusión, como un don, como un rico glasé sobre la tarta —ahora bien horneada— de la vida en toda su extensión.

5. La senda hacia el pensamiento no dual[*]

Hay una clase de existencia en la que las epifanías y el trajín cotidiano, la muerte y la vida, Dios y no Dios —todas estas aparentes antinomias— se mezclan y convierten en una sola conciencia. Yo disto mucho de darme cuenta de todo esto por mí mismo, pero me estoy poniendo las lentillas para intentar verlo.

Christian Wiman
poeta y autor de *My Bright Abyss*
(Mi abismo luminoso)

¿Cómo aprender a alejarnos del pensamiento dualista? ¿Cómo aprender el pensamiento no dualista o la contemplación?

* Extracto de la entrevista realizada por Susan Hines-Brigger al padre Richard Rohr con motivo del Festival of Faiths, publicada en la revista *St. Anthony Messenger* en mayo de 2013.

Es una buena pregunta, pues efectivamente es algo que tenemos que aprender. El pensamiento dualista se da tan por supuesto en el mundo occidental que lo llamamos pensamiento sin más, y durante la mayor parte de los cinco últimos siglos las Iglesias occidentales se han olvidado de la enseñanza sistemática de la contemplación. No es extraño, pues, que estemos divididos en treinta mil grupos que nos llamamos cristianos. Y es que perdimos la mente y el corazón superiores, o al menos la capacidad para acceder a ellos. No es de extrañar que Jesús dijera: «Mirad, pues, cómo escucháis» (Lucas 8,18).

Todos nos hemos educado en el pensamiento dualista. Creemos que lo que caracteriza a una persona inteligente o racional es su habilidad para hacer distinciones. A la mayoría de nuestros profesores de universidad les encanta, en efecto, realizar distinciones y enseñarnos a hacer lo mismo. Está claro que hemos perdido la antigua tradición según la cual hay algunas cosas anteriores a —e incluso más importantes que— saber hacer distinciones. ¡De hecho, el establecer distinciones entre todas las cosas forma precisamente parte del problema! Las distinciones se hacen en su mayor parte en la mente, o con palabras, y esto tiene sin duda muchísimos aspectos positivos y necesarios; pero también encierra cierta falta de verdad, pues es realmente bueno ver las semejanzas e identidades profundas de las cosas antes que distinguir tal aspecto de otro. A mí me gusta decir que debemos empezar siempre por el «sí» y nunca por el «no».

Las antiguas religiones ya vieron que su tarea principal era enseñar a la gente una manera de pensar alternativa, la cual podríamos llamar con los nombres de chamanismo, adivinación, rabdomancia... La práctica de esta otra manera de pensar la llamaríamos ahora meditación, contemplación o simplemente oración. Yo estoy convencido de que era esto lo que significaba en los orígenes la palabra *oración*. Hay que usar un procesador distinto: no se procesa plenamente el momento juzgándolo, analizándolo, diferenciándolo; no hay por qué convertirlo en algo distinto, opuesto. Hay que respetar todas las cosas por ser exactamente lo que son en vez de catalogarlas con la mente, según los gustos y aversiones de cada cual. Hemos de dejar que se refleje como en un espejo limpio, sin ninguna distorsión añadida (léase sin ningún «juicio»).

Yo creo que la gente que vivió en siglos pasados, mayormente en sociedades agrarias, antes de la invención de la imprenta, y de la enorme proliferación de las palabras, tenía un acceso mucho más fácil al pensamiento no dual. Ahora tenemos unas mentes con destellos estroboscópicos, lo que nos dificulta el acceso a la mente contemplativa. Ahora cuesta más trabajo encontrar un espejo limpio, y es sin duda por eso por lo que es tan importante seguir trabajando. Pero a muy pocos se les ha enseñado cómo hacerlo.

El catolicismo —y aún más la ortodoxia oriental— tiene una larga tradición de enseñanza de la contemplación; sin embargo, son los protestantes quienes más a menudo me invitan a enseñarla. Es porque saben que no saben. Saben que nunca la tuvieron a lo largo de su historia o de su tradición. Para entonces ya se había perdido. Pero los católicos estamos en una situación peor: creemos que por conocer la palabra *contemplación* ya sabemos practicarla. Incluso las órdenes religiosas contemplativas católicas han dejado de enseñarla a sus miembros, lo cual constituye una gravísima pérdida. Muchos han sentido por ello una gran frustración, aunque algunos la han aprendido en virtud de la gracia, de la caridad y del sufrimiento.[19]

Los cristianos católicos y los ortodoxos tenemos que recuperar la tradición de esta conciencia alternativa. ¡Pero los más tradicionalistas de hoy son muy poco tradicionales! Conocen muy poco de la Gran Tradición, más allá de los últimos cuatrocientos o quinientos años; generalmente los últimos cien años, o los que llevan viviendo. Eso es lo que ocurre cuando se adopta una postura defensiva frente a los otros: se organiza la vida alrededor de cosas externas y nada esenciales, y se evitan las cosas interiores o que resultan subversivas para el propio ego.

19 Richard Rohr, O.F.M., *The Naked Now…*, *op. cit.*, capítulo 16.

Primero debemos saber que tenemos esta tradición contemplativa. Está muy presente en los Padres y Madres del Desierto, en el cristianismo celta, en la *Philokalia* y en Evagrio el Monje de la Iglesia oriental, así como en la historia monástica de todas las antiguas órdenes, que a veces la enseñaron de manera directa o indirecta (Dionisio, Juan Casiano, el famoso monasterio de san Víctor de París, Buenaventura y Francisco de Osuna). La mayor parte de nuestros místicos siguieron esta tradición contemplativa, ejemplificándola más que expresando con palabras lo que había ocurrido. Tal vez esa sea una de las razones por las que la perdimos, y por las que es tan importante una buena enseñanza teológica y espiritual.

Sabemos que la conciencia no dual se enseñó de manera sistemática hasta los siglos XI y XII, sobre todo entre los benedictinos y los cistercienses. Los primeros franciscanos fueron beneficiarios de esta comprensión más antigua; los dominicos de la Renania la ejemplificaron maravillosamente, y los carmelitas recuperaron buena parte de ella abrevándose en su antigua historia en el Monte Carmelo, en Palestina. Su máxima expresión la tenemos por supuesto en el siglo XVI, en esa especie de dos supernovas que son Teresa de Ávila y Juan de la Cruz, quienes tuvieron que volver a enseñar la contemplación corriendo grandes riesgos personales.

Pero, después de las luchas de la Reforma, y de la hiperracionalización de la Ilustración (en los siglos XVII y XVIII), nos volvimos sumamente defensivos y nos empeñamos en demostrar que éramos mejores que los otros y que podíamos salir triunfadores de cualquier debate. Así, adoptamos una forma más racional de pensar, envuelta en piadosas palabras cristianas. A partir de entonces presentamos nuestras doctrinas de una manera dualista, argumentativa y apologética. Ya no existía la conciencia no dual, sino un pensamiento enteramente dualista en torno a las doctrinas cristianas. La mayoría de los sacerdotes se educaron de esta manera hasta los años sesenta del siglo pasado, cuando por fin llegaron las esperadas reformas del Vaticano II.

En este punto, tras casi cinco siglos de *no* enseñar sistemáticamente o de no comprender la contemplación, tuvimos que buscar escuelas, profesores, libros... a fin de desarrollar una práctica que nos ayudara a desaprender la vieja mente. La mayoría de nosotros creía que los contemplativos eran simplemente unos tipos introvertidos, silenciosos, a los que les gustaban mucho orar. Eso nos dejaba fuera de juego a nosotros, tan extrovertidos y activos. Pero una vez que empezamos a conocer la mente contemplativa, nos dimos cuenta de que era, por así decir, la manera natural de ver (¡y la habíamos desaprendido!). Es una manera completamente natural, como vemos en los niños de menos de 6 o 7 años, pues a esta edad ya empiezan a juzgar, analizar y distinguir unas cosas de otras.

En mi caso, yo experimenté la contemplación por primera vez antes de aprender bien a nombrarla o de reconocerla como tal. Yo me creía a veces un franciscano ingenuo o bobo por no tomar suficientemente en serio mi intelecto. Sin embargo, había muchas personas inteligentes en la Iglesia que se sentían francamente poco espirituales. No sé cómo decirlo de otra manera. Gracias a las enseñanzas de Thomas Merton, en los últimos veinticinco años la contemplación ha cobrado nueva fuerza en muchos de nosotros. Dejándome guiar por varios profesores, por varias tradiciones, empecé a nombrar y a comprender mi propia experiencia. Cuando algo es así de verdadero, uno sabe con total seguridad que muchas personas ya lo han descubierto, aunque empleen distinto vocabulario y tengan diferentes puntos de vista.

Yo creo que el acceso a la mente contemplativa es fruto de mucho sufrimiento y de mucha caridad. Estas personas descubren simplemente que piensan de una manera no dual, no oposicional, no argumentativa. Disfrutan de la paz interior de Dios. Saben que por fin pueden disfrutar de Dios, de la vida, de sí mismas, sin necesidad de debates intelectuales. Es un lugar muy agradable para vivir. Leamos a este respecto Filipenses 2,1-5, un pasaje en el que la mente no dual está en pleno despliegue e impulsa a san Pablo a citar el maravilloso himno de los versos 6-11, donde aconseja tener la misma mente o los mismos sentimientos que tuvo Cristo Jesús. Yo creo que la mente contemplativa es la mente de Cristo.

El evangelio versa sobre una mente alternativa y, por ende, sobre una conducta alternativa

Yo empleo frecuentemente el término «ortodoxia alternativa», inspirándome en mi propia tradición franciscana, en la que se da más importancia al estilo de vida que a la corrección verbal. Francisco quería que *hiciéramos* el evangelio, que nuestras vidas fueran sencillas, afectuosas, alegres, no violentas. Pero yo creo que la razón por la que perdimos esta ortodoxia alternativa es… ¡porque empezamos a perder nuestra consciencia alternativa! Empezamos a interpretarlo todo en términos de una especie de conformidad dualista, fijándonos solamente en un lado de casi todas las cuestiones, lo cual nos relegó al mundo de las palabras, en vez de mantenernos en el mundo de la experiencia, e hizo que dejáramos de primar la práctica real o lo que algunos llaman con el nombre de «ortopraxia». La mente contemplativa no se esconde detrás de las palabras, sino que está en contacto inmediato con la realidad, con la gente, con los acontecimientos —*tal y como son*—, sin necesidad de análisis ideológicos.

La conciencia alternativa consiste básicamente en liberar nuestra mente de la necesidad de resolver problemas, de organizar la vida de los demás, de organizar la nuestra propia, de reconfigurar el momento porque no resulta de nuestro gusto personal.

Cuando esa mente se ha ido, ya hay otra mente esperando en silencio. A esta yo la llamo conciencia alternativa, una especie de gafas a través de las cuales podemos ver el momento. Pero no podemos experimentar una cosa sin dejar ir la otra, al menos durante un tiempo. Para muchas personas, para la mayor parte de quienes han pasado toda la vida pensando de manera dualista, es como morir, como perder el control, y es precisamente por eso por lo que nuestros místicos católicos llaman esto una y otra vez con las expresiones de «oscuridad» o «conocer a través de la oscuridad». Y también por eso son sin duda tantas las personas que no llegan más alto, o a unas fases más maduras, en la oración. Quieren luz, no oscuridad. Les gusta pensar, y ya se sabe que pensar es en gran parte comentar y discutir dentro de nuestro cerebro, argumentar con ideas en conflicto o enfrentadas. Pero repito lo que he dicho antes: que debemos liberarnos de nuestra mente dualista al menos un tiempo. Al final, tendremos que volver a ella para terminar las tareas ordinarias; pero ahora las realizaremos de una manera menos compulsiva y arrebatada.

Yo creo que el genio del Dalái Lama y del budismo estriba sobre todo en que no se pierde en metafísicas ni argumentaciones sobre dogmas y doctrinas; simplemente, no entran en ellas. Como dice el Dalái Lama, «mi religión es la bondad; mi única religión es la bondad». Nosotros podríamos tachar esto de pensamiento liviano; pero entonces alguien podría recordarnos que Jesús dijo lo mismo, a saber: «Este es mi mandato: amaos los unos a los otros». Así que esto es también nuestra religión, o al menos debería haberlo sido.

El Dalái Lama no nos dice algo que no sepamos ya, al menos a cierto nivel. La gente dijo lo mismo de Madre Teresa: que ofrecía simplemente unas frasecillas jugosas, ¡y la gente se iba citándolas o diciendo que habían cambiado su vida! La contemplación nos hace tener unos ojos limpios, sencillos, una fe sensata y una energía afectuosa que tornan convincente cualquier cosa que digamos. Y, por irónico que parezca, también nos permite tratar cuestiones a menudo más complejas de la misma manera sencilla y directa que observamos actualmente en el papa Francisco.

Por eso todos necesitamos encontrar a alguien que pueda servirnos de ejemplo, de modelo. Oriente siempre ha reconocido que la transmisión de la espiritualidad se produce mediante modelos vivientes, a los que llaman con el nombre de gurús, sanniasis, pandits o avatares. Es lo que los católicos y ortodoxos llamamos «santos». No podemos recibir buenas noticias únicamente mediante conceptos, ideas y teorías.

Necesitamos ver y sentir una encarnación viva. «Ella lo ha conseguido, él es un vivo ejemplo, luego también es posible para mí». Es algo que se mueve más a nivel de un sabor, un olor o una impresión táctil que de una idea. El catolicismo reciente se ha basado más en ideas que en modelos vivos. Los cristianos sinceros pueden percibir la santidad, incluso cuando las palabras puedan parecer no ortodoxas. ¡Como también pueden percibir la no santidad en personas que lo hacen todo a la perfección!

Lo que pretendo decir con esto es que las cosas pueden funcionar de otra manera, que una conducta alternativa ayuda también a crear una mente alternativa. «No llegamos a un nuevo modo de vida pensando, sino que llegamos a un nuevo modo de pensamiento viviendo» es uno de los principios básicos de nuestra Living School of Action and Contemplation de Albuquerque, en Nuevo México.

No deja de ser interesante que, en la Iglesia oriental, la mayoría de los obispos y profesores, y muchos sacerdotes, fueran monjes primero. Me vienen a la mente nombres como Gregorio Niseno, Gregorio Nacianceno, Gregorio Palamás, Basilio, Atanasio, Cirilo y Evagrio el Monje. En otras palabras, ¡vivir algo con cierta seriedad nos da autoridad para hablar después de ello! Aplicando esto a nuestro tiempo, descubrimos que casi todos nosotros hemos sido ordenados sin demostrar que hemos infundido a otra persona fe, esperanza o caridad. El saber o decir buenas palabras ha podido bastar para ordenarnos. Sin duda por ello no hemos conseguido que hubiera un solo seminario, de cualquier denominación que fuera, que hiciera particular hincapié en la vida contemplativa.

Cada vez que la Iglesia se escindió —primero entre Oriente y Occidente y después a resultas de la Reforma— perdimos parte del mensaje global, al menos yo lo veo así. Y, en siglos sucesivos, las partes olvidadas del evangelio tuvieron que tomar forma en el seno de unas confesiones aisladas que, gracias a Dios, conservaron algunas gemas, aunque por lo general también perdieron otras. Pienso por ejemplo en los menonitas, los cuáqueros, los amish, los waldenses, los pentecostales e incluso en el «Recovery Movement» y el «Course in Miracles» (estos dos últimos conservaron la perentoria necesidad del perdón y de la curación). Me pregunto si habrá alguna vez una confesión que sea capaz de conservar todos los aspectos de la gran mente de Cristo. Tal vez es porque la naturaleza humana está preparada solamente para prestar atención a unas pocas cosas de valor.

Siempre que veamos un movimiento favorable a la soledad, el retiro, el silencio o cualquier forma de vida apartada, podemos afirmar que nos encontramos ante la reemergencia de la conciencia contemplativa no dual. No podemos pasar días, semanas y meses en soledad si nuestra mente no es diferente. La mente dualista se enfada, se vuelve loca y se aburre con tanto silencio y retiro. Pero la mente no dual no se cansa nunca con esto. Siempre que veamos la reemergencia de eremitas, de anacoretas, o diferencias en el seno de las órdenes sobre el modo de orar, podemos afirmar que se ha redescubierto la conciencia no dual. Esto podemos verlo especialmente en los benedictinos, carmelitas, agustinos y franciscanos; está en el núcleo de todas las rupturas y reformas de dichas órdenes, aunque a veces la pobreza interior que exige la contemplación se confunde con disputas sobre la pobreza externa en todos estos grupos, ya estemos/seamos calzados o descalzos, ya ayunemos mucho o poco, etcétera. Es un error muy corriente.

En la España del siglo XVI, tenemos a un franciscano y maestro espiritual poco conocido, Francisco de Osuna, que enseñó esta senda contemplativa a Teresa de Ávila. Esta lo llamó el «maestro más grande». Antes de descubrirlo, dijo que la oración mental, que es como la llamaban entonces, la estaba volviendo loca, pues ella sabía que no podía controlar esa cosa tan obsesiva, repetitiva y compulsiva que llamamos pensamiento. En 1961, cuando yo ya era novicio, seguían llamándola oración mental; pero servía en gran parte para concentrarse, cosa que, por supuesto, no funcionaba. La mayor parte de la gente abandonaba la oración muy pronto, sin darse cuenta de que la había abandonado. Me sorprende que no hubiera más personas que abandonaran la vida religiosa.

Nuestro padre Francisco reúne todos los requisitos del perfecto contemplador. La primera generación de franciscanos, que tanto lo amaban, entre ellos el hermano Elías, no sabía qué hacer con él. Francisco era demasiado sencillo e ingenuo para su manera de pensar dualista, y sin embargo había un grupo de frailes que lo acompañaban a los *carceri* y cenobios por motivos de protección estructural. Eran probablemente los hermanos León, Gil, Maseo y Rufino, y tal vez también Junípero.

Luego están también los maestros intelectuales como Buenaventura y Duns Escoto, que fueron capaces de mantener su sencillez al mismo tiempo que prestaban a la mente contemplativa cierto rigor intelectual. En ellos encontramos lo mejor de los dos mundos, al menos para las personas instruidas. El capítulo séptimo del *Peregrinaje del alma hacia Dios (Itinerarium Mentis ad Deum)* de Buenaventura es un resumen sucinto de lo que ahora llamamos la *centering prayer* (oración centrada o del corazón) o la mente contemplativa. Esto lo encontramos frecuentemente en nuestra tradición, pero menos en los cuatro últimos siglos. La gente lo ha descubierto por la gracia de Dios o por casualidad, y doy las gracias a Dios de haber encontrado en cada comunidad con la que he tenido ocasión de trabajar varios ejemplos escondidos, silenciosos, de dicha iluminación.

Tras la denominada gran Ilustración (o Iluminismo) de los siglos XVIII y XIX, ya no hubo cabida para la contemplación, pues los contemplativos parecíamos unos ingenuos, unos pensadores acríticos, unos hermanos legos piadosos. La oración social del oficio divino y de la liturgia mantuvo cohesionados a los católicos y religiosos en sus respectivos grupos, pero por desgracia a menudo convirtiéndose en sustituto y evitación de una verdadera vida interior. La misa diaria era nuestra oración, una oración que se volvió sentimentalista e histriónica, una especie de puesta en escena que nos ofrecía una falsa sensación de comunión, intimidad y misterio; precisamente los dones que se ofrecen generosamente en la contemplación, pero de una manera más honda y perdurable.

Cronología del misticismo[*]

2500 a.C.: primeras apariciones de un sentido de afectuosa relación personal con Dios: India y Egipto, la «participación original» de Owen Barfield.

2000-1200 a.C.: Abraham, Jacob y Elías en Israel, primer hinduismo.

500 a.C.: «La era axial», según Karl Jaspers; nace el budismo; Sócrates en Grecia; Platón; las *upanishads* en India.

200 a.C.: Patanjali, los yoga sutras en India, el apocalipticismo judío, el Libro de los Salmos, el Cantar de los Cantares.

---

[*] Presentado por Richard Rohr O.F.M., con motivo de la conferencia titulada: «Following the Mystics Through the Narrow Gate... Seeing God in All Things» («Seguir a los místicos a través de la puerta estrecha... Ver a Dios en todas las cosas») en enero de 2010.

30 a.C.: Filón de Alejandría, un judío en la diáspora.

Siglo I: Jesús de Nazaret, primer maestro no dual para Occidente; las epístolas de Pablo, el evangelio de Juan, se promete y ejemplifica la «participación presente y final», ¡que entusiasma a la civilización occidental!

Siglo II: Clemente de Alejandría utiliza por primera vez la palabra *mysticus*/escondido.

Siglo III: Orígenes (Padre de la Iglesia), Plotino (filósofo romano).

Siglo IV: Basilio y los Gregorios de Turquía, Evagrio el Monje; Agustín; Casiano; Macario el Grande; los Padres y Madres del Desierto en Egipto, Siria, Capadocia/Asia Menor y Palestina; es posible y altamente valorado el pensamiento trinitario (el «principio de tres» permite y enseña el pensamiento no dual).

Siglo VI: Benito (organiza la posibilidad), el Pseudo Dionisio (la vía apofática), Gregorio el Grande; el budismo, Lao Tsé y el taoísmo (Tao Te Ching) se extienden por China.

Siglo VII: Juan Clímaco, Máximo el Confesor: el «hesicasmo» dota al cristianismo ortodoxo de una sólida base mística; la *theosis*/divinización; el budismo zen en Japón y el budismo tibetano.

Siglo VIII: Rabía (mujer islámica en Irak), Sankara en India.

Siglo IX: ocurren muy pocas cosas en el cristianismo occidental, que parece moribundo al igual que el Imperio romano, salvo, fuera del imperio, los monjes celtas, que empiezan a evangelizar el continente.

Siglo X: Simeón, el nuevo teólogo de Oriente.

Siglo XII: Hugo y Ricardo de San Víctor, Elredo de Rieval, Bernardo de Claraval, Hildegarda de Bingen, Guillermo de Saint Thierry (con base en los monasterios).

Siglo XIII: explosión del misticismo: Francisco y Clara, Rumi, el Maestro Eckhart, las beguinas y los begardos, Buenaventura, Gertrudis, Matilde de Hackeborn, Hadewijch, Gil de Asís, Ángela de Foligno, Ramón Llull, Richard Rolle, numerosos ermitaños franciscanos, los dominicos alemanes Enrique Susón y Juan Taulero, Ibn al-Arabi (maestro sufí).

Siglo XIV: Jan van Ruysbroeck, Gregorio Palamás, Hafiz de Shiraz, *La nube del no saber*, Juliana de Norwich, Catalina de Siena, Catalina de Génova, Walter Hilton, Tomás de Kempis.

Siglo XV: Nicolás de Cusa (la coincidencia de los contrarios), Francisco de Osuna, Kabir (santo hindú y sufí a la vez), Nicolás de Flüe.

Siglo XVI: ¡La última supernova! Ignacio de Loyola, Teresa de Ávila, Juan de la Cruz, Francisco de Sales, Jacob Böhme, Erasmo. (Sin embargo, la mayoría de las reformas de la Iglesia nacen de una conciencia dualista extrema).

Siglo XVII: crisis y decadencia: la razón y una piedad edulcorada sustituyen a la contemplación; la Ilustración se presenta como el triunfo consumado del pensamiento dualista; comienza el desierto de la no participación, según Owen Barfield; tenemos al hermano Lawrence, a George Fox, a Blas Pascal y a muchas místicas, que no alcanzan un lugar preeminente por ser mujeres, por lo que no son tomadas en serio ni se les permite dedicarse al estudio.

Siglo XVIII: Jean-Pierre de Caussade, Baal Shem Tov, John Wesley, Serafín de Sarov, Emanuel Swedenborg, el judaísmo hasídico, William Blake.

Siglo XIX: Teresita del Niño Jesús, Carlos de Foucauld, Henry David Thoreau y William Wordsworth (místicos de la naturaleza).

Siglo XX: redescubrimiento de la participación: Friedrich von Hügel, Gandhi, Evelyn Underhill,

Thomas Kelly, Howard Thurman, Suzuki, Bede Griffiths, Rainer Maria Rilke, Isabel de la Trinidad, Martin Luther King, Alan Watts, Simone Weil, Thomas Merton, Thich Nhat Hanh, Rinzai Zen, Martin Buber, Etty Hillesum, Dag Hammarskjold, Anthony de Mello, Ken Wilber, Gerald May, Ramana Maharshi, Teilhard de Chardin, Hugo Enomiya-Lassalle, Abraham Heschel, Tagore, Ruth Barrows, John Main, Eckhart Tolle, Bernadette Roberts, Paramahansa Yogananda, varios rinpoches y gurús, Henri Le Saux, Karl Rahner, Helen Keller, Madre Teresa y el Dalái Lama (lista esta sin duda discutible e incompleta, y a la que se pueden encontrar carencias en un aspecto u otro).

Lo que es innegable es que se está produciendo por primera vez una interconexión importantísima entre Oriente y Occidente, los «dos hemisferios del Cuerpo de Cristo», así como un redescubrimiento del pensamiento no dual, y una acción, reconciliación, cruce de fronteras y construcción de puentes basados en la experiencia interior de Dios.

Es posible que esté emergiendo una *Segunda era axial*. Algunas cosas o aspectos se podrán calificar de inmaduros, sincretistas, infundados o no integrados, pero ya se sabe que los pasos hacia la madurez son siempre —y necesariamente— inmaduros. El Espíritu Santo sigue desarrollando nuestra conciencia y enseñándonos a orar.